RE-START

犬と森の中で生活して得た幸せ

鈴井貴之

Takayuki Suzui

幻冬舎

RE-START

犬と森の中で生活して得た幸せ

Contents　目次

0　はじめに

北海道赤平《あかびら》市をご存知でしょうか？　北海道のほぼ中央に位置する町。札幌と旭川の中間くらい。札幌からは距離にしてほぼ一〇〇キロ。高速道路を利用して車で約七五分の場所です。北海道といえばドラマ『北の国から』が有名だと思います。地図で見るとその舞台となった富良野の左上。なんとなく場所は見えてきましたか？

昭和三〇年代は石炭を産出する地域として日本の高度成長期を支えてきました。昭和四〇年には人口は五万人でしたが、炭鉱の閉山とともに町から人は離れ、今や市でありながら九千人余りです。その数は年々、三桁の単位で減っています。

その町に一二年前から僕は住んでいます。正しく言えば、札幌と赤平との二拠点生活です。郊外に別荘を建てた優雅な生活、とはかけ離れた〝ゼロから始める田舎暮らし〟です。一二年前、何もない原野を自らの手で開墾することから始めました。身の丈もあるほどの熊笹を刈払機でやっつけ道を作る。満員電車のように密集した木々を一本一本、チェーンソーで切り倒す。

残った切り株は中古で手に入れた小型重機（バックホー）で掘り起こす。鬱蒼《うつそう》とした森を光の届く更地にしていく。一年以上の月日をかけてまずは原野を開墾しました。

どうして誰も知らない町で？

それは赤平市が僕の生まれた町だからです。故郷？　それとはちょっと違うような気がします。生まれた町ではありますが、父が転勤族だったため、二歳の時にはこの町を離れました。ですから同級生も幼馴染もいません。

なおさら、どうして？

出身者ということで、町の再生会議にアドバイザーとして呼ばれたのがきっかけでした。二〇〇七年、北海道夕張市が財政破綻しました。企業で言えば倒産です。夕張はメロンが特産品として有名です。高倉健さん主演の映画『幸福の黄色いハンカチ』の舞台にもなった町です。

当時、その次に財政破綻する可能性がある町として赤平市が浮上していました。そこで町の活性化として、駅裏にある炭鉱敷地跡、そこの再利用について話し合う会議に呼ばれたのです。月に一度、札幌から赤平に来て、その会議に出席しました。「あ～でもない。こ～でもない」

と、一方的に思いついたことを、大脳を通さずに言葉にしていました。賛同を得る得ないなど考えもしませんでした。自分の尺度でしかない意見を羅列していたように思います。

そんな会議を何回か重ね、札幌へと帰る車中でふと思いました。

あれ？　俺って、所詮〝よそ者〟だよな。

出身者として会議には呼ばれたが、自分は二歳までしかいない。もちろんその記憶はない。その後も祖父母が赤平にはいたので訪れてはいましたが、町のことを何も知らない。

「何も知らない者が偉そうに意見してもどうなのだろう？」

会議中の自分の発言を優しい眼差しで聞き入れてくれる人々に心の中では、

よそ者に内情は分からないだろう。

と思われているのではないだろうか。自分は空回りしている。おどけたピエロなのではないか？　滑稽に場を盛り上げるだけの存在なのかもしれないと思いました。

ならば、この町に住んでみよう。

住めば内情も分かるでしょうし『仲間』として受け入れてもらえるのではないだろうか。そういった思いから、札幌に戻った次の日には赤平市役所のN氏に連絡を入れ、拠点となる場所を探してもらいました。

これが公にしている田舎暮らしのきっかけですが、一〇年以上経った今、本質的なことは少し違ったように思えます。それは本編でおいおい触れていきますが、その後の自分の人生で、代表取締役社長を辞任、離婚など様々な人生の転機を迎えます。それはすでにこの時点で予感していたことでもあるような気がします。つまりは、

逃げ場所を探していた。

僕は逃避したかった。違う場所に行きたかった。違う自分になりたかった。

僕は弱い人間（ダメ人間）

だと思います。ただ雁字《がんじ》搦《がら》めに締め付けられた日常から脱却する勇気もなかった。そこに『田舎』という逃げ場所が現れたのです。

この本では、その田舎（逃げ場所）での一〇年以上の生活を記したいと思います。思うようにならない日々。田舎暮らしは自然との戦いでもあります。自然は容赦なく遠慮がありません。わがまま勝手に暴れまくります。そんな『田舎暮らしの実態』『田舎暮らしで得たもの』を自身の実体験からお伝えできればと思い、ペンならぬ、キーボードを叩きたいと思います。

この本は田舎暮らしの勧めではありません。

コロナ禍になりリモートで仕事もできるようになり、都会を離れて田舎でも暮らしていけると考えた方は多いとは思います。ですが、田舎暮らしは簡単ではありません。都会で暮らす以上の『覚悟』と『スキル』が必要です。それを理解した上での田舎暮らしは様々な幸せをもたらしてくれるでしょう。ただ、自分もいまだに二拠点生活をしているというのは、完全なる田舎暮らしをする『覚悟』と『スキル』を得ていないからでしょう。

札幌と赤平という都会と田舎。二拠点生活。それで、

バランスを取っています。

全てはバランスをどう保つか。ヤジロベエであったり天秤であったり、均衡をどう保つか。それは人間関係や自分の身の置き方、金銭をどう理解するかということと同じだと思います。今の自分は中途半端なのでバランスが必要です。どちらか一方に傾くことはできない。

さて、本編に入るにあたり、このまま、僕の視点で田舎暮らしや人生観を語るのはどうだろうという疑問が生じました。別に僕は有識者でもないし、何か偉業を打ち立てた人間でもありませんし、そんなヤカラが文章を綴っても「何を偉そうに」と思われるだけですし、ましてや、この本をレジに持っていこうという気にもならないかもしれません。

いやいや買ってください！

本音がこぼれました。すみません。僕は森で犬と暮らしています。大型犬三頭と小型犬一匹。彼ら（今は全員オス）は僕と共に森で生活しています。僕の文章では色々と気にして、日々の苦労や挫折、失敗も綺麗事にしてしまいそうです。そうならないために、

犬たちから見た森での生活

を綴れば、僕自身の視点よりも客観的に伝わるのではないかと思いました。

彼らが感じた森での生活と僕が見ている森の生活は少々違うような気がします。人間の主観で捉えるよりも、

人間と共に生きてきたペット

の視点は、自分が忘れてしまっていたことを気づかせてくれるかもしれません。

これまでに森では大型犬五頭、小型犬三匹（計八）の犬と暮らしてきました。

ネイマール（ゴールデンレトリバー　オス　七歳）
マラドーナ（トイプードル　オス　五歳）
モドリッチ（グレートピレニーズ　オス　四歳）
タケフサ（秋田犬　オス　三歳）
イニエスタ（雑種　メス　二〇一八年没）

モカ（ミニチュアダックスフンド　メス　二〇二〇年没）
スアレス（バーニーズマウンテンドッグ　メス　二〇二一年没）
メルシー（アイリッシュセッター　メス　二〇二二年没）

お分かりかと思いますが、ほとんどが大好きなサッカー選手の名前です。

今回、この本の『語りべ』として登場してもらうのは我が家のリーダー、ゴールデンレトリバーのネイマールです。

忠実で責任感のある良い奴です。彼なら安心して任せられます。


ネイマールとの出会いはのちに『彼の言葉』でお伝えしますが、運命と言ってしまえば軽過ぎる。彼との出会い、生活により自分の価値観や性質に至るまで大きく変わることになりました。昔の僕を知る人は、短気ですぐ怒る。傲慢《ごうまん》で自意識過剰。協調性がなくいつも自分本位。こういうイメージだと思います。ですがネイマールとの出会いによって僕は温和で様々な人、事象に感謝する人間に生まれ変わったと思います。犬をただ可愛いと感じるペットではなく、ネイマールは、両親や学校の先生、友人、仕事の仲間などの、誰よりも自分を指導してくれたように感じています。

一番大きいのは、

我慢することを覚えさせてくれた。

犬は僕たち人間が伝えたいことをほぼ理解してくれません。同様に自分たち人間も犬の気持ちをパーフェクトに理解することは困難です。意思が通じないのですから、うまくはいかない。

我慢しなければならない。

犬は我慢を知りません。だからこっちが我慢しなければならない。彼らとの日々は多くの我慢を強いられます。しかも彼の仲間、多頭飼いともなると、その我慢は増えるばかりです。自分本位だった人間が我慢の日々を過ごす。これは大きな変化です。時間を重ねるごとに、

我慢強くなっていく。

そうした日々の中で僕は許容範囲が広がり、怒ることもほとんどなくなりました。

怒らなくなれば温和になる。

温和になれば、

心にゆとりもできる。

ゆとりができれば、

物事に対して優しくなれる。

そういうことをネイマールに教えてもらいました。ですからこれから先は、彼の言葉で伝えてもらおうと思います。

また、この本の読み方として、グレーに枠囲みした部分だけを先に読む、という方法もあります。グレー部分も僕の言葉です。自分が森の生活で感じ取ったもの、人生観が変わった事柄を示しています。読者の貴方にも、そこで感じ取ってもらえるものがあれば幸いです。

じゃあ、ネイマール。あとはお願いします。

僕からネイマールの『ボク』へと変わります。

この本に出てくる人と犬

鈴井貴之

みんなのお父さん
北海道を愛する日本人
六一歳　オス

ネイマール

犬たちのリーダー
ゴールデンレトリバー
七歳　オス

マラドーナ

トイプードル
五歳　オス

モドリッチ

グレートピレニーズ
四歳　オス

タケフサ

秋田犬
三歳　オス

モカ

ミニチュア
ダックスフンド
二〇二〇年没　メス

スアレス

バーニーズ
マウンテンドッグ
二〇二一年没 メス

メルシー

アイリッシュセッター
二〇二二年没
メス

イニエスタ

雑種
二〇一八年没
メス

写真　金井祐貴
装丁　bookwall

1

「はじめまして！」
ボクの名前はネイマール

ボクの名前はネイマール。そうブラジルのサッカー選手と同じ名前。有名？　だよね。ブラジルのエースで、スペインの名門バルセロナや、フランスのパリ・サンジェルマンで活躍中。でもボクはサッカー選手じゃない。

ボクは犬だよ。ゴールデンレトリバー。二〇一五年生まれの七歳。原産国はイギリスだけど、ボクは北海道の旭川で生まれたらしい。犬はなんでもすぐに忘れてしまうから当然、覚えてはいないよ。

ちょっといいですか？

この物語は？　鈴井さん？　うん？　ミスター？　会長？　監督？　人によって呼び方が違うから、なんて呼べばしっくりするのか分からない。鈴井貴之さんの人生？　半生？　今の生活？　をお伝えするものなんだろうけど、ボクはね『お父さん』と思っているから、『お父さん』でいいね。

お父さんとの出会いはね。二〇一五年の年の瀬。お父さんの会社のすぐ近くのペットショップにボクはいたんだ。お父さんは森での生活を始めていて以前から森で大型犬を飼いたいと思っていたんだって。それはね、広い敷地で大きな犬を勇壮に走らせたいという単純な思いからと、一方でモカさんという小型犬がいたの。ミニチュアダックスフンド。その子と二人？ 一人と一匹で森での生活を始めたらしいけど、森はね危険がいっぱい。蛇やキツネ、タヌキ。空からはワシやタカ。小さなモカさんを遊ばせようにも外敵の心配があったらしい。

だから大型犬が一緒にいればモカさんを守れる。お父さんはそう考えていたみたい。でね、ボクと出会ったんだ。でもね、お父さんはお正月明けには東京に行くことになってたの。長期出張。なんか舞台？ ボクは見たことがないので、舞台ってよく分からないけど、その仕事があるからボクを迎え入れるのは難しいとガラス越しに言ってた。そしてお父さんは、

良い飼い主に巡り逢うんだよ。元気でね。

と言い残してボクの前から立ち去ったんだ。悲しかったよ。この人はきっとボクを連れていってくれる。出会った時にそう感じたの。だから悲しかった。

でもね、それでお別れじゃなかった。

まだいるの！

そうお父さんが言ったのは、二ヶ月後。お父さんが札幌に戻ってきた時、またボクのところに来てくれたんだ。お父さんは驚いていたよ。そう、

まだいるの！

って。まさかボクがまだいるとは思っていなかったみたい。

二ヶ月前よりもボクは一回りも大きくなって、ガラスに貼られた紙には、出会った時よりも一〇万円安くなった値段が書かれていたみたい。

ブンブンブンブン！　ボクはね、思いっきり尻尾を振ったの。だって覚えてたよ。二ヶ月も前だけど、優しくちょっぴり悲しげにボクを見ていた目は覚えていたんだ。単純なボクは**「迎えにきてくれたんだ」**と思った。だから思いっきり尻尾を振ったんだ。でもね、お父さんの優しい目はすぐに悲しい目に変わった。

今は無理なんだ。

たまたま東京から戻って立ち寄ったに過ぎなかったんだって。東京での舞台のお仕事はまだ

ひと月以上、三月の下旬まで続く。雪解けの季節にならなければ終わらない。だから今、ボクを「迎え入れることはできない」とお父さんは言ったの。喜びも束の間。思わずボクは**「クゥー」**とため息をついてしまった。申し訳なさそうに何度も振り返りながらお父さんは帰っていった。二回目のお別れ。

「もう会うことはないのかもしれない」

そうボクは思ったよ。でもね、二度あることは三度ある。三度目の正直？

それからひと月半経った三月の下旬。またお父さんと再会することになった。

ボクはもう生後五ヶ月半経っていたから子犬じゃない。ゴールデンレトリバーという大型犬だから、体重も一〇キロ以上になって中型犬くらいには成長していた。その頃のボクは『売れ残り』としてそのペットショップで生活していたんだ。大型犬だからちょっと広めのスペースにいたけれど、子犬の頃の可愛さもなくなり、誰にも振り向かれずにボクは何ヶ月も生活していた。ここ以外の世界は知らない。ここがボクの全てだったんだ。ここから出たいとも思わなかった。だってここしか知らないんだから。でもね、久しぶりに会ったお父さんはすごく驚いていた。

もういないと思っていたのに。

本当にいないと思ったら、来てくれないよね。でもお父さんは来てくれた。もしかしたら？と思ってくれていたの？　ボクのことを忘れてなかったんだね。

最初は悲しげな目をしていたけど、最初出会った時と順番が違って悲しい目から優しい目に変わったのを今でもボクは覚えているよ。

「流石《さすが》にもういないだろうな」と思っていたのにボクはいた。それも『売れ残り』で前よりもさらに一〇万円もディスカウントされてボクはいたよ。お父さんはね、ペットショップの店員さんにボクのことを尋ねたんだって。

「この子、去年からずっといますよね」

「ええ、大型犬ですからなかなか買っていただく方がいなくて」

「もう生後、五ヶ月以上ですよね」

「はい」

「受け入れてくれる方は見つかりますか？」

「正直、もう子犬じゃないので。子犬の可愛い時期は過ぎたんで」

「じゃあ難しい？」

「かもしれません」

「あのう、飼い主が見つからなかったら、この子はどうなるんですか？」

「店舗犬として飼育するか、最悪は」

「最悪?」

「…………」

店員さんは具体的な言葉は口にしなかったみたいだけど『最悪』という言葉が意味することをお父さんは考えたらしい。『最悪』って『最悪』だよね。言葉としては聞いてはいないけど、きっと、

処分!?

その会話でお父さんは愕然としたらしいよ。ボクが処分される。何ヶ月も前から出会っていたボクが処分される。命あるボクが処分される。さらにはこの会話で「買っていただく」という生き物を販売物として扱う店員さんの発言に疑問を感じたんだって。人間の都合で販売されるペットに対しての疑問。日本での生体販売に対する疑問。そういうのをこの時点ですごくお父さんは考えるようになった、って言ってたよ。

『処分』という言葉を想像してお父さんはすぐに、ペットショップのあるショッピングモールのＡＴＭに向かい現金を引き出してボクを迎え入れてくれたんだ。

お父さんが支払った金額は『一四万九千八〇〇円』それがボクの価値。ゴールデンレトリバー。犬の世界ではそれなりに地位があると思う。最初の頃は五〇万円だったのかな? それ

が一五万。ボクらは人間に従順なペットだけど、そんな価格で自分を評価されるのはちょっと寂しいな。でもね、お父さんは言ってくれたんだ。

こんな狭い世界はもう終わりだ。森に行こう！

ボクはこうして鈴井家の長男として迎え入れられました。あ、のちにちゃんと紹介しますが、鈴井家にはもともとミニチュアダックスフンドのモカさんという重鎮がおられまして。彼女はメスなので一応、ボクは長男として迎え入れてもらいました。

そもそもはこのモカさんがいたからボクを引き取ってくれたんだ。森の野生生物からモカさんを守るのがボクに与えられた一つの使命。

ということで長くなりましたがボク、ネイマールの自己紹介でした。これからはボクが赤平の森と、お父さんの森での生活をご紹介します。よろしくね。

2

森の暮らしは楽しい？

赤平？　もちろんボクはそんなところは知らなかったし、森の広さは六六〇〇坪あるとお父さんに言われてもピンとはこなかった。

「自由に走り回っていいんだよ」

と言われても見渡す限り、丈が一メートル以上ある熊笹に覆われた原野は走り回れる場所も限られている。正直、

『犬だからといって、なんでも喜ぶと思うなよ』

と言ってやりたかったけど、ボクが発した**「ワン」**という鳴き声がお父さんには、

そうか嬉しいか。

と勘違いされたみたい。

ボクが森に招かれた理由の一つがすぐに分かった。それはモカさんだ。モカさんはボクより

も九歳も年上のお姉さん、というか出会った時にはもうお婆さんだったけどね。

　ずっとひとりぼっちだったから、モカさんはボクが鈴井家に来ても仲良くはしてくれなかった。ボクはね、まだガキだったからモカさんとお友達になりたくって尻尾を振って近づいたけれど、モカさんはすぐにソファのヘリによじ登ってボクを避けた。ボクのことが嫌いだったとは思わないけど、常に一定の距離感を取られた。モカさんはちょっと気難しい感じだった。

　モカさんはミニチュアダックスフンド。シューテッドクリームという体全体はベージュ色で耳や尻尾に黒毛が混じっていた。体重は六キロの小型犬。森に来てすぐにお父さんに言われたの。

「ネイマール、モカを守ってくれよ」

『そういうことか』


とすぐに分かったよ。大型犬を飼いたいというお父さんの夢以上に大事な、モカさんという小型犬を守るという役目がボクに与えられたんだ。

　当たり前だけど森は自然の中にある。自然界には野生生物がいっぱいいる。エゾリスにモモンガ、野ウサギならまだ可愛いけれど、キタキツネにタヌキ、アライグマ、エゾシカ、ヒグマとなるとペットである小型犬は太刀打ちできないよ。他にも蛇や空からはトンビやタカ、ワシ、フクロウの猛禽類《もうきんるい》にも狙われるかもしれない。あのね、赤平の森にはね、天然記念物のオオワシやオジロワシ、キツツキでは日本一大きいクマゲラとか、ちょっとしたブームにもなった白い小鳥のシマエナガもいるよ。

野生の動物たちがワンサカ生活しているんだ。都会暮らしの長かった『お嬢様育ち』のモカさんでは『いざ』という時には対応できない。襲われてしまうかもしれない。だから体格的に大きいボクがモカさんのナイト（騎士）として選ばれたんだ。

外に出る時は常にモカさんの横にいるようにお父さんに言われた。

森には敵がいっぱいいる。

お父さんはそう言っていた。安らげる場所を求めてきたはずなのに「敵がいる」というのはどういうこと？　どうして「敵がいる」場所にわざわざ来たの？

それはね、

その時のお父さんは、どこにいても周りが全て『敵』だと思い込んでいたからだと思うよ。

だって森に来る前の一〇年以上も前は、

人生は常に戦いだ。

と言ってたらしい。

でもね、今は、

違う。

もう戦わない。

己がどれだけ納得できるかが大事。

と言っている。ボクはなんのことか分からないけどね。

最近、ボクを撫でながらお父さんは独り言を言うんだ。ボクは「**ワン**」と吠えるか尻尾をブンブンと振るしかできない。だからお父さんは独り言だと思っているらしい。だけども、ボクはちゃんと聞いているんだよ。

森に来ていろんなことを経験した。普通の人生であれば経験しなくてもいいことも多い。それで分かったのは、己がどれだけ無力であるか、ということなんだ。己というか、自然界の中では人間は無力だ。一番弱い生き物なのかもしれない。動物の中で人間は自然界から一番遠いところに位置する生き物なんだよ。

とお父さんは言ったので、ボクは同意して「ワン」と答えた。

お前には分からないよな。

尻尾を懸命に振ってみても、ベロを思いっきり出して笑って見せても、受け取られるのは全て人間の一方的な解釈なんだよね。機嫌が良ければ喜んでくれるし、落ち込んでいたらつき離される。励ましで**「ワンワン」**と連呼しても怒られる。

煩《うるさ》いな！

ボクら犬（猫ちゃんも）、ペットはあなたたちに犬生？（人生）を委ねているんだよ。人間からしかご飯をもらえない。野に放たれても餌を得られるか自信がないよ。〝狩り〟なんていう本能も奥底に隠れて、導き出すこともできない。

『ボクらこそ無力な生き物なんだよ。人間がいなければ生きていけないんだ。ただ、ペットをそうさせたのはあなたたち人間なんだよ』

だからね、ボクだってお父さんの気持ちは分かるよ。自然界においては〝ボクも〟無力だよ。お父さんは「モカちゃんを守れ」って言ったけど、ボクは熊とは戦えない。敵《かな》わないよ。キツネやタヌキだって怖いよ。

だってさ、彼らは生きることに懸命なんだ。毎日毎日、餌を探して生きるのに必死だ。でもボクは毎日決まった時間にご飯がもらえる。一日中、ストーブの前で寝転がっていたってご飯はもらえるんだ。そんなボクがキツネやタヌキと戦えると思う？　あっちは命懸けなんだ。勝てないよ。彼らは必死に生きているんだ。ボクはそうじゃない。ぬくぬくと生きてきた。勝負にはならないよ。お父さんとは意味が違うかもしれないけれど、

『ボクは戦わない。だってペットだから』

そういう意味では、

『ボクたちは似た者同士だね』

自然界でボクらは弱者なんだ。そもそもは弱者じゃなかった。でも自然に背いて『便利にしよう』と文明という免罪符を手に入れて都合よく世の中を作り上げてきた。それが今、自然と対峙する場面に直面してあたふたしてる。お父さんも苦労してるよね。自然は待ってくれないし想像を超えた猛威を振るう。だからみんな環境問題とか言い出してあたふたしてる。身から出た錆だよね。時折テレビでは環境破壊を番組にしているけれど、それはデータ検証に過ぎないよね。多少気温が例年より上がったとかそんなのは感じるのかもしれないけれど、日常生活で大きな変化を感じているのかな？　どこか人任せで、誰かがどうにかしてくれるんじゃない

かと思っているんじゃないだろうか。でもね、うちのお父さんは森で暮らしているから、日々、自然の変化と気候変動を肌で感じている。

冬には、自分の除雪体験から「降雪量が多い」とか一月下旬で、「例年はまだ屋根の雪下ろしをしなくていいのに、ここ二年は、もう二回もしている」と経験値で危機感を覚えているんだ。春先も、ゴールデンウィークには大根や人参の種を植えるのに「雪解けが遅れているから畑は五月下旬からだな」と言ってた。その一方で、四月からの急激な気温上昇で桜の開花は四月下旬になっている。ここ赤平は大抵、ゴールデンウィークの終わり、五月五日頃、こどもの日が開花だったのに、ここ二、三年、一週間も早くなっている。秋には台風がいくつも押し寄せる。一〇年以上前、赤平に移住する際、当時の赤平市長さんが「ここは地震もないし台風も来ない。自然災害がないのが自慢です」と言っていたらしいけれどここ数年、毎年、台風が直撃している。暴風雨で木々が倒壊した。数年前には敷地の一部が地崩れした。赤平市では三ヶ所地崩れが起きたらしいが、その一つがお父さんの森、ここだったんだ。

自然の中では予測不能。

それが自然での生活だとお父さんは言っている。都会生活をしてきた人間と、人間の手でペットに落ちぶれた犬猫はどう生きていくべきなのか？　なんか、お父さんは楽しみよりも不安が先に立ったみたい。

自然はいいね。気持ちが浄化される！

と言われるけどそれは短期滞在で感じること。日常になると次々と問題が見えてくるみたい。ボクはね、正直、不安でいっぱいだった。森という自由に駆け巡る空間があったけど、自由というのは落とし穴がある。いいことばかりじゃないよね。日々、お父さんの苦労を見てきてそう思ったよ。今でも分からないんだ。大変な思いまでして、お父さんはどうして森での生活にこだわるんだろう。時間ができると札幌から必ず森に戻ってくる。言葉では「ワンコたちを自由に走らせてあげたいから」と言うけれど、それだけじゃないように思う。森にいることに何を感じているのか？　だって毎日、忙しそうだし苦労を見てるよ。なんで？

自然回帰？
現実逃避？

今、田舎暮らしに憧れている人は多いらしいね。多くの人が田舎に目を向けてくれるのは嬉しいけれど、そんなに楽なものじゃないよ。ここでボクがお伝えする現実を乗り越える『覚悟』と『スキル』がないと田舎暮らしは難しいですよ。ボクとお父さんは乗り越えてはいないけど、慣れました。

3

田舎暮らしの現実

憧れの田舎暮らし。豊かな自然の中での生活。定年後のセカンドライフにと一昔前までは思われていたみたいだけど、コロナ禍で若い人たちにもその思いは広がっているらしい。らしいと言うのは、ボクは犬だからね。人間のことはよく分からない。テレビを見ながらお父さんがよく言ってる。

田舎暮らしは楽じゃない。

軽い気持ちならやめた方がいい。

ボクもそう思うよ。お父さんとは札幌でも暮らしているけど、赤平の森に来るととにかく忙しそう。朝から日が暮れるまで、外で何かをしている。札幌にいる時はソファに寝そべってダラーッとテレビを見ているけれど、森に来ると工具を手にしたり、重機のエンジン音が聞こえたりと、外へ出たり家へ入ったり、ずっと動いている。口癖は、

やることだらけだ。ああ、忙しい。

札幌にいると、

「暇だな。飲みにでも行くかな？」

真逆なんだよね。でもね、忙しくてイライラしているわけじゃない。どこか楽しそうなんだよね。

楽じゃないけど、楽しい。

同じ『楽』という文字でも『楽じゃない』というマイナスな使い方にもなるし『楽しい』というプラスな使い方にもなる。田舎での生活は、何もないところに何かを作るのだからなんでもゼロから一にすることから始まるんだって。それはすごく頭を使って考えなければならないし、知恵を得るために勉強もしなくちゃいけない。そしてうまくなるには訓練を経て技術を身につけなきゃならないみたい。そこまでしなければ本当の田舎暮らしはできないと言っている。

『楽じゃない』じゃなく何事も『楽しい』にする。

お父さんはそういつも言っている。

考えて学んで習得する。

あれ？　でも、これってどの世界でもそうだね。当たり前のことだ。でもね、お父さんがよ

く言うんだけれど今の人は、

当たり前のことを忘れている。

だって。

便利であるのが普通のことになっているけど、その便利は多くの人たちの関わりがあってのこと。今はね、お家にいてもネットで買い物ができるよね。パソコンやスマートフォンでポチッとすれば翌日、森はもう少し時間がかかるけど商品が届く。それもショップの人やそういうシステムを作った人、配送センターの人、配達してくれる人。多くの人の手が掛かっている。そういう人たちに対する感謝の気持ちとかを忘れてる。感謝するという当たり前のことを忘れがちなんだって。

お父さんが言うには、森での生活、自然に身を置くということは、

どれだけ人は個人では無力かを理解すること。

だって。

だから、社会というもののありがたさを再確認したらしいよ。森での生活は俗世間から離れ

ているけど、社会でのあり方を逆に考えさせられる。人間関係の大切さを感じ、感謝の気持ちを再確認する。

人間は、どう足《あ》掻《か》いても一人だけでは生きていけない。

それはペットのボクもそうだけどね。

森にいる動物たちは大概一匹だけで生きているんだ。キツネもタヌキも、フクロウもトンビもみんな毎日毎日、自分で獲物を探し生き続けている。

世間から離れて森の中で生活しようにもスーパーマーケットやコンビニがないと人間は生きていけない。ボクらペットの犬猫、家畜もそうだよ。そもそもボクらはスーパーマーケットやコンビニにも行けない。飼い主である人間がいないと生きていけないんだ。

『人間がいないと生きていけないんだ』

それを忘れないでね。犬や猫などのペットを飼う時、

『人間がいないと生きていけないんだ』

このことを考えてね。

『人間がいないと生きていけないんだ』

そうさせたのは人間だからね。だから、最後まで面倒を見ること。責任を負うことを認識してボクたちを迎え入れてください。お願いします。

ああ、また脱線しちゃった。忘れちゃうんだ。ボクはね記憶力が悪いんだ。ボクがバカだってことじゃないよ。犬の記憶にはね『短期記憶』と『連想記憶』というのがあるんだって。飼い主の顔を覚えていられるのは名前は連呼され続けているから『連想記憶』で覚えているけど、ちょっとしたことはすぐ忘れるの。『短期記憶』だと一〇秒くらいしか覚えていない。だから悪さして怒られたらすぐに「ごめんなさい」と思うけど、一〇秒以上経ったら何を怒られているか分からないんだ。だから、ずっと怒らないでね。何を怒られているか分からないのだから。

で、何だっけ？　あ、田舎暮らし。森の生活は『楽じゃない』ってことね。

予測できないことが多々起こる。

怪奇な出来事を自然現象として考えることも多いけど、不思議なこと、危険なこと、色々なことが森では起きる。だから面白いとも言えるんだけれど、予想もつかないことが起こると慌てちゃうよね。今はだいぶ慣れたみたいだけど、前はよくお父さんは慌てていたよ。

ありがちなことが二つあるらしいよ。

一つ目は雪。北海道だから冬には当たり前に雪が降る。赤平は北海道でも豪雪地帯になるらしいから凄い量の雪が降るんだ。

森の中だから一晩降り続いたら家から出られなくなることも何度となくあった。ボクは雪が大好きだよ。深雪を走り回るのは気持ちがいいんだ。でもお父さんは不機嫌になる。除雪をしないと車を出せない。家から除雪されている市道までは二〇〇メートル近くもあるんだって。二〇〇メートルって言われてもボクには分からない。そもそも一メートルってどれくらい？お父さんが言うには、ボクの鼻先から尻尾まで？ それが丁度一メートルくらいなんだって。ということは、えーと、ボクが二〇〇頭並んでる？ そんなの見たことないし、犬だから想像もできない。その二〇〇メートルの道を除雪しなければ外には辿《たど》り着けない。

お父さんは言ってた。

「重機（ホイールローダー）で掻き分ける。降った雪の量にもよるけど、作業は一時間以上はかかる。道だけじゃない。住居の屋根に降り積もった雪は危険だ。落雪で命を落とす人は少なくない。去年は北海道だけで一九人なくなっている。見た目と違って雪は重い。小さな物置は今までに三つ潰れた。勢い良く滑り落ちる雪で煙突も三度、折れてしまった。木製の車庫が雪の重みで潰れて、中に入っていた車が潰れたこともある。冬は雪との格闘に相当の時間を奪われるんだ。気が長くないとやっていけない」

森に来てからの一、二年はブーブーだったらしいよ。時間を取られることにお父さんは苛《いら》立《だ》っていたんだって。毎日のように除雪作業の繰り返し。一時間以上はかかる。これだけの時間があれば、どれだけの仕事ができるのかとお父さんは言っていた。ボクは犬だから一時間と言われても、どれだけ長いのか短いのかは分からないけれど。

雪で家から出られないだけじゃなく、札幌へ行くのも随分と時間がかかってしまうらしい。

「札幌と赤平は何もなければ一時間強の道のり。大雪になると高速道路が通行止めになり、一般道も視界不良で大渋滞。数時間、一番長くて八時間もかかったことがあった」

そんなことが毎年、三、四度はあるんだ。

以前のお父さんは『時は金なり』と考えていたらしく、雪で阻まれることにイライラすることも少なくなかった。雪で札幌に戻れず何本も仕事をキャンセルしたんだって。その度に「俺は何をしてるんだ」って思ったらしいよ。森での生活。最初の頃は、

時間を無駄にしている。

が口癖だったみたい。

でもね、今聞くとね、

無駄な時間はない。

と真逆なことをお父さんは言うんだ。なんで？　なんで？

森で生活することで考え方が一八〇度変わったみたい。昔は短気だったのに随分と気が長くなったんだって。森で暮らしたからとお父さんは言うけど『歳をとったんだ』とボクは思う。

まあ、犬だから**「ワン」**としか伝わらないけどね。

二つ目。

森で生活することで一番のハードルは、

虫との共生。

虫が苦手な人は、田舎暮らしは無理なんだって。数が多いから駆除するというレベルの話ではないみたい。共生しなきゃ生活できない。虫なんてボクは全然気にしないけれどね。お父さんは常に虫と戦っているよ。

「蚊に刺される。ハチに襲われる。どこから入ってきたのか家の中では蟻の大行進が繰り広げられる。日が暮れるとガラス窓に手のひら大の蛾がへばりつく。一匹二匹の話じゃない。数十匹。外が見えなくなるくらい蛾がへばりつく。本当に気持ち悪い」

「厄介なのはカメムシ。亀の甲羅に似た形の虫だ。こいつは触ると強烈な悪臭を放つ。強いパクチーの臭いと言われるけど、キュウリの嫌な青臭さを強烈にしたのに近い。しかも厄介なのは、こいつは冬でもどこからともなく現れる。森での生活は、日々、虫との格闘だ」

ボクもハチに刺されたことがあるよ。痛かった。ミツバチだったから大したことはなかったけれど、お父さんはね、オオスズメバチに刺されたんだ。刺されるのは「プチ」って感じじゃなくて相当な衝撃だったらしい。刺された瞬間、足がもつれてよろけたんだって。後頭部を誰かに「ズドン」と殴られたかと思ったらしいよ。

雪との格闘と虫との共生。

これを乗り越えられなければ森では生活できないと、お父さんは言ってる。あの人は人間というよりも猿に近いかも。自分でも「俺はチンパンジーだ」って言ってる。虫だって、普通に飛んでるのを素手で捕まえるからね。トンボや蝶々も素手で楽々と捕まえるもん。本当に凄いんだ。人間離れしてるよ。

もっと凄まじいエピソードは後でお話しするけど、まずは少しばかり森での生活、田舎暮らしの理想と現実を知ってもらいたいとお父さんは言っている。

田舎暮らしは筋トレと同じ。

「筋トレをする時に理想の体をイメージする。逞《たくま》しい体なのか、スリムマッチョか、はたまたお腹を凹ませるだけか。体を引き締めたい。そのためにトレーニングをする。時には食事制限も。思った以上にハードで辛い。なぜここまでしなければならないのか？」

辛いからもうやめよう、いや理想を求めて続けよう。そこが分岐点だよね。どちらにするのか？　田舎、森での生活も同じなんだって。

毎日がトレーニング。サボれば生活はできない。

次からはお父さんがやってきたトレーニングの数々を紹介するね。

4

水のこと

森で暮らすにあたり確保しなければならないのはライフラインなんだって。ライフラインって言われてもボクにはチンプンカンプン。電気とか水？　電気、水道がなくては生活できないよね。のっけからお父さんは挫折したらしい。それは、

この森は水道が引けない。

家を作るにあたり市役所から上水道を引けない場所だと言われたんだって。

「下水は昔ながらに浄化槽を作り定期的にバキュームカーで汲み取る方法で対処できるけど、上水道は無理だと言われた。行政管轄の上水道は立地的に離れ過ぎて引くことはできない。独自でなんとかするしかない」

独自で？　と言われてもどうすればいいの？　自然豊かな森での生活を夢見ていたお父さんは早々に出鼻を挫《くじ》かれたらしいよ。

森を手に入れたのにどうしたらいいのか？　どうする？　どうする？　せっかく気に入った場所だったので、随分と落ち込んだとボクには言ってた。まあ、ボクが来る前の話だから詳しくは分からないんだけど。

そんな中で一筋の光が近所の人の話から浮かび上がったんだって。それは、もしかしたら近くで使われている水源のパイプが敷地内に通ってるかもしれない。離れたところに集落がある。集落といっても今は三軒しかない。いずれも老人の一人暮らしだったらしいよ。九〇年近くも前、昭和初期に作られた浄化槽が山奥にあるんだって。それがうちの森の下にある集落で使われているのだから、うちの森の中にその水道管が通っているのではないかということ。随分と昔のことだから図面はなかったらしいけど、位置的には通っている可能性は高い。

そこでボクは分からないけど『ダウンジング』と呼ばれる一見眉唾《まゆつば》な方法で水道管探しが始まったそうだよ。

「L字型の棒が金属反応をするという方法だ。水道管が埋まっている場所ではそのL字棒が動くんだ。原始的な方法だけれど、それしか方法がなかった」

それで水道管探しをしたそうだよ。

「当時の森はまだ開墾していなかったから、背丈ほどもある熊笹で覆われ、先を行くのも一苦労だった。草を掻き分け、あるのかも分からない水道管を無作為に探すのは相当大変だった。でも可能性があるのであれば探すしかない。水が確保できなければ生活はできないのだから」

お父さんは必死だったと言ってた。

運良く、そう時間がかからずしてL字棒が動いたんだって。同じ箇所で何度も動くからには、そこに水道管が通っているに違いない。

藪《やぶ》に覆われた地であったから重機などを入れることはできない。スコップ一つで掘ったんだって。

掘った、掘った、掘った！

人間の身長くらいの深さ？

「一メートル六〇から七〇センチくらいは掘った。そして見つけた。直径三センチくらいの細い水道管を発見した」

らしいよ。

これで水が確保できる。

お父さんは相当喜んだみたい。

この森で生活するにあたり基本的なライフラインを手に入れた。大きな安堵を手に入れたけど、今後、幾多ものアクシデントが待ちかまえてることをお父さんはまだ予測できなかった。

確保できた水源は森の奥。車が通る場所から二キロ以上離れた奥地にあるんだって。行ったことがないからボクはもちろん知らない。しかも随分と老朽化が著しいんだって。

システムをお伝えするね。

お父さんがボクに言ってくれたことをそのままお伝えするから、

水になった気持ちでイメージしてみて。

「君は水です」

「最初にいくつもの金網を通る。ここで枯葉など金網をくぐれない物は堰《せ》き止められる。水は先に進む。次は浴槽の半分ぐらいの貯水桝。水の入り口、出口は桝の上部にあるから、重みのある泥や砂は下に落ちて、ここで捕まってしまう。でも水はすり抜ける。その先は地下パイプで繋がれた濾《ろ》過《か》槽。大きさは深さ五メートル、縦横三メートルくらいの長方体」

計算中。犬だから大きさが分からないよ？？？

「四五立方メートル。そうだな。今ではあまり見かけなくなったけど、公衆電話ボックス。あれを縦横三つずつ並べて九つ。高さがあるからもう一段九つ重ねたぐらい。電話ボックス一八個分くらいの大きさ。と言われてもピンとこないか。それぐらいの大きさの底に三分の一くらいだろうか、石、砂利、砂が敷き詰められている。濾過槽の上部から入った水は石や砂利、砂を通って下部に設置された穴から次の部屋に行く。石や砂利をすり抜けられない不純物はここで仕留められる。水は大丈夫。すり抜けられるんだ。水は少しの隙間があれば先に進む」

「隣に濾過槽と同じ大きさの貯水槽がある。ここはもう禊《みそぎ》を終えたものたちが辿り着ける楽園だ。綺麗になった水だけが辿り着ける場所。ここまで来れば家で蛇口を捻れば、それ！と水道管を伝わり各家庭へと一気に駆け出す。まあ、各家庭にも小さな貯水槽があるので、ここまで来れば水としての使命を果たすことができるんだ」

昭和初期から続く生活用水のシステムなんだって。また分からないよ？　昭和って、何？　まあ先へ進むね。当然、水道代は無料。ただ、独自のシステムであるから定期的なメンテナンスが必要みたい。

「金網で枯葉を防ぎ、石や砂利の浄化槽で不純物を取る。ということは枯葉が詰まっていたり不純物が溜まっていたりする。それを定期的に取り除かなければならない。少なくとも春と秋には取り除くメンテナンス。メンテナンスといえばカッコいいけど清掃をしなきゃならない。初めの頃はこの水源を使用している方々が共同でやっていた。でも、その責任者の方がお亡くなりになり、他は高齢な女性ばかりになった」

だからお父さんが管理者にさせられたんだって。森で生活を始めて一〇年間。いつも水の心配をしていたみたいだよ。

メンテナンスの具体的な作業は、

「エンジン式の排水機で貯水桝、濾過槽から排水し溜まっていた不純物を排出する。さらには沢水だから、その近辺の草刈りもしなければならない。沢の淵に生える雑草は枯れ果てたら、沢に流れ込んでしまう。だから春先から、沢の沿道を刈る。約二キロもある。まずは沿道二キロの草刈りで一日が終わる。翌日、貯水桝の下部に溜まった泥を除去する。次は浄化槽だ。一度、排水し、また水を入れ、不純物を浮かし排水する。これを十数回と繰り返す。梯子で降りた暗い浄化槽でスコップ片手に何度も途方に暮れた」

聞いているだけで大変なのが分かったよ。

水を確保するのにここまでしなければならないのか？

とお父さんは思ったみたいだよ。

水って普通に暮らしていれば考えもしないことだよね。蛇口を捻れば水は出てくるでしょう。

そう思ってる。当たり前のことだよね。

お父さんは言ってる。

当たり前は当たり前じゃないんだ。

当たり前にしてくれる誰かがいるのだ。その誰かを直接は知らないけど、その人への感謝を忘れてはいけない。

今までの生活で水道の蛇口を捻れば水が出ることに、お父さんはなんの疑問も感じたことはなかった。水が出るのは当たり前。飲み水、調理する時に使う水、洗面にお風呂。トイレで流す水。

今は札幌市の水道局の前を通る度に「ありがとうございます」と声をあげるそうだ。森での不自由な生活の中で、便利である日常に感謝する。そこにはその日常を支えてくれる多くの方々がいる。

独りよがりの自分にさらば。

そんなことを言って調子に乗ってる（笑）。

春、秋とメンテナンスをしなければならないが水は確保できた。でもね、これで一安心ってわけにはいかないんだよ。今では笑い話としてお父さんは言うけど、何度も水のトラブルで大変なことになったんだ。

生きる上で水は重要だよね。だから森での水との格闘が始まるんだ。

5

水との格闘

水が出ない。

お父さんの口から何度も聞いた言葉。札幌から森に戻ってきて蛇口を捻っても水が出ない。

その度にお父さんは重装備で森の奥へと向かう。

「行くか」


濾過槽は敷地外、二キロは離れた場所にある。秋口、北海道だから台風直撃とかは少ないけれど、温帯低気圧になった台風が大雨をもたらすことは少なくない。秋に息吹を失いつつある木々の葉や草を変異した嵐は攻撃する。春や夏であれば、

「これしきの雨！」

と耐えてきた草葉は、冬に向けて弱っている。ちょっとの雨でも枯葉は木から落ち、枯れ草は土から抜けて、葉や草は流される。雨に流された草葉は我が家の水源を堰き止めることとなる。金網ゲートには枯葉が幾層も重なり、純化されたい水たちの進路を阻む。

車はもちろん重機すら入れないところだから、スコップ片手に徒歩で登るしかない。鬱蒼とした森。誰も立ち入らない場所だから道もない。雨音だけが激しく鳴り響く。鳥のさえずりでも聞こえればまだ救いないのかもしれないけど雨音しか聞こえない。

台風や大雨で水が止まってしまうことはちょくちょくあるみたい。暴風雨で枝から落ちた葉や舞い上がった埃が沢に流れ込んできてしまう。それが水の進路を塞ぎ詰まって水が供給されなくなるんだって。

何度となくお父さんの「ああ、水が出ない」という失望した顔を見てきた。その度にお父さんは身支度をして山に行く。家から二キロ離れた濾過槽。二キロとはいえ道もないし草木が鬱蒼とし簡単には進めない。冬であれば雪で覆われてしまう。

そんな冬。水が止まった。

しかも一月二日。お正月だった。

お父さんが朝、トイレに行き用を足すと、ゴホゴホという忌まわしい音がしたそうだ。水が流れない。ということはウンコも流れない。お父さんは「まいったなあ」と言いながらボクを見た。**「どうしたの？」**ボクは訊いたけれど、いつものように伝わらない。だから状況が分からない。

後からボクにその後のことをほろ酔いでお父さんは話してくれた。お酒の勢いで少々話を大きくしていたのかもしれないけれど**「大変だな」**と思ったよ。

その時のことをお父さんは日記にしたためていたみたい。その年の元日から毎日日記をつけようとしたらしい。でも結局は、一度一月二三日で途切れた。三日坊主ではないけれど、長くは続かない日記。続けようと思うから続かない。ならば途切れ途切れでもいいとお父さんは思ったみたいで、時々、森であったことを気が向いた時（お酒を飲んでいない時ともいう）にしたためていたみたいだけど、一月二日のことだったから、その出来事は詳細に残っている。ボクも何度も聞いているけど、それを文字起こしするのは犬だからできないので、お父さんの日記をそのまま写します。

一月二日。快晴。気温マイナス七度。

朝、蛇口を捻ると水が出ない。何度も経験してきたが今日は正月。正月早々に水のトラブル？　まずは家屋内での凍結だろうかとチェックする。電気パネル、薪ストーブなどの暖房は就寝時「弱」にはしたが屋内の水道管が凍結するほど冷えてはいない。となると屋外だ。敷地内に独自の貯水槽がある。そこをまずは調べた。自宅の貯水槽は一般家庭のトイレほどの大きさ。二キロ上流から流れてくる水がキープされる。そこから電動ポンプで家屋に送られる仕組みだ。貯水槽に水はなかった。問題はここではない。上流で起こっている。落胆。最悪だ。

意を決し二キロ先の山を目指すこととなる。一月二日、あたりは雪に覆われている。山奥の浄化槽も雪に埋もれているはずだ。道はない。除雪もされていない場所だ。車や重機、無理だ。道はない。移動手段は徒歩しかない。防寒具を着用し、足には雪道を歩く為のスノーシューを着用する。昔でいうカンジキだ。靴底の三倍はあろうかという平面の道具は、雪道で自身の体重を拡散することで「ズボッ」と埋まらないようにする。あとはスコップ一本。二キロといえば普通の道のりでは三十分程度だろう。スノーシューで埋まることはなかったが一時間以上はかかった。雪に覆われた浄化槽は、かろうじて雪が降る前に近くの木にくくりつけたピンクのテープで、その位置を認識できた。

まずは沢水が最初に入る貯水桝を確認するが、様子が変だ。いくら雪に覆われたとしても沢水は流れているはず。雪が積もり見えなくとも「流れる〝音〟」がするはずだが何も聞こえない。嫌な予感しかなかった。沢がある場所の雪を掻く。一直線に窪んでいるから分かりやすい。掘って掘って、一メートル以上掘っただろうか。土が出てきた。水は流れていない。原因はここではない。もっと上流で異変が起きている。

最悪の上をいく超最悪だ。しばし呆然とした。

　流れるべき水が、枯葉や堆積物に阻まれて貯水桝、その先の濾過槽に辿り着かないことが殆んどだった。あとは濾過槽自体が汚れているとか。でも今、この浄水システム自体に水が来ていない。初めてのことだった。今までの経験が何も役に立たない。

　どうすべきか？

　水が来ていないのならば水を探すしかない。窪んだ一本線を頼りに、もっと奥、先へ行かなければならない。身も心も冷え切ったまま、先へ進んだ。足取りは重い。積もった雪のせいではない。目的地もなく先へ進むのは不安しかなかった。水が流れていない原因は突き止められるのだろうか。原因が分かってても対応できるのだろうか？　これから先、雪道を何キロ歩けばいいのだろうか？　今日は正月。一月二日だ。
　素人で無理ならば水道設備屋さんは来てくれるだろうか？　田舎で、しかも普通の上水道じゃない。無理だろう。ならば水を使わず数日過ごすのか？　無理だ。どうすべきか？
　雪を踏みしめれば踏みしめるだけ、不安が重くのしかかってきた。見上げた空は曇天で、今にも雪が降ってきそうだ。これで吹雪にでもなればたまったもんじゃない。遭難するかもしれない。

一時間くらい歩いただろうか？　時間は覚えていない。水が流れる音がした。雪山で先の様子は見えないが確実に水が流れている。しかもかなりの勢いだ。駆け出したくともスノーシューでは「1、2、1、2」と一歩ずつ進むしかない。

見えた。水は流れている。ただし、浄化システムへと続く沢とは違う方向へ流れている。九〇度、カーブ。本来はそこを曲がって流れるべきところが、真っ直ぐ先の部分が決壊し、違う方向へ水は流れていた。

答えはすぐに出た。決壊した場所を塞げば、水は本来流れるべき水路を辿ってくれる。だが、問題はその方法だ。車が通れる場所から数キロは山奥。しかも雪に埋もれている。重機や機械では対応できない。人力しかない。持ってきたスコップだけでは無理だ。この真冬に水の中にも入らなければならないだろう。準備のために下山するしかない。

車を走らせ隣町のホームセンターへと向かった。新春初売り。店内は初売りセールで賑わっていた。その中、土《ど》嚢《のう》袋三〇枚と水の中にも入れる胴付き長靴を手に入れた。

再び数キロの雪道を歩き、決壊した現場に立つ。まずは土嚢袋に詰める土を確保しなくてはならない。数キロの雪道をソリで引っ張ってくるのは無理だ。雪を掘り、土を出し、現場調達する方がまだ楽だと考えた。多分、その方が楽だっただろうが、一メートル五〇センチほどの雪を掘り、そこから土を出すのは想像をはるかに超えた労力が必要だった。たとえようがない。強いて言えば次の日、両腕は肩から上には上げられなくなっていた。

大きめの枕くらいの土嚢。二〇個作った。そしてそれを決壊した場所に重ね、水を止めていく。胴付き長靴を着用し水の中へ入った。気温よりも水温の方が温かいだろうが、薄いゴム生地からは冷たさが染み込んでくる。さらには手にしたゴム手袋の隙間からも水が染み込んできて冷たい。

土嚢を一つ、二つと重ねていくと、水の流れが徐々に変わっていった。本来曲がるべきはずだった水路を鮮やかなコーナリングで水は流れていった。二〇個の土嚢を積み重ね、決壊箇所を堰き止めることができた。

「これで自宅の水が出る」

天を仰いで思った、

「正月から俺、何をしているのだろう」と。

毎日、水を使う。洗顔に入浴、飲み水、調理。排便で流すのも、観葉植物にも、加湿器にも、水は欠かせないものだ。蛇口を捻れば出てくる。当たり前に思っていた。水がない日常など考えたこともなかった。普通に水が出るのも、水道局の方々や設備工事の人、もっともっと多くの方々が携わっている。それらの人々に感謝。

今まで考えたこともなかった。当たり前のことは、当たり前を支える多くの人々がいる。ありがとうございます。

家に戻ったら、まずはトイレを流さないと。排便したままだからな。

相当大変だったみたいで、この話はもう何十回とボクは聞かされている。でもね、お父さんは言ってた。森で暮らすと今まで考えもしなかったことに着目する。

それは、

人々に対する感謝。

なんだって。

森でよく自給自足をして俗世間から離れた生活をする人がいるし、そういうイメージもあるけど実は逆なんだって。お父さんが言うには、自然の中にいればいるほど、人との関わりが大切だと分かるそう。札幌での普通の生活が普通だけでは済まされないことが分かるらしいよ。

6

森の冬

お父さんは大変みたいだけど、ボクたち犬にとって冬は最高だよ。積もった雪の中を駆け回るのは最高さ。夏は大雨が降ると泥だらけになるけど雪なら汚れることもないしね。熊も冬眠してるから安心だ。

お父さんは時々、ボクを森の散策に連れていってくれる。ボクだけ。今、ボクと一緒に暮らすグレートピレニーズのモドリッチと秋田犬のタケフサは、お父さんの言うことを聞かないことがある。それに逃亡の前科があるんだ。去年、雪が積もるとドッグランの柵を越えて森の奥へ駆け出してしまった。

「ダメ！　戻っておいで」

お父さんの制止も聞かずグレートピレニーズのモドリッチは森の奥へ奥へと走っていった。秋田犬のタケフサもモドリッチの後を追って走り出していった。お父さんは慌ててたよ。玄関に戻りリード（引き綱）を持って二頭を追いかけていった。まだ子供だったタケフサは冒険する勇気がなかったのか、途中で止まって、先を行くモドリッチを見送っていた。雪の中、ズボズボと膝まで埋まりながらお父さんは必死に、まずはタケフサを捕まえてた。ボクとトイプードルのマラドーナは柵の中からその様子をじっと見ていたんだ。

でも、この先のことは知らない。だってモドリッチは小さな丘一つを越えてしまったから、その姿はもう見えなかったの。

ここからはまたお父さんがほろ酔いでボクに話してくれたことなんだ。

「起伏があり、葉は落ちていても木々が乱立している森。少し離れただけでモドリッチの姿は見えない。ただ、銀世界ならではの利点はある。それは足跡がくっきりと残ること。それを追えばモドリッチを捕まえることができる」

と、お父さんは必死に雪の中をズボズボと埋まりながら雪を漕いでいったんだって。

「真っ白に積もった雪の上には無数の足跡が残っている。互い違いに左右の足を出している足跡はキツネかな？　後ろ足が揃っていればウサギだ。歩幅が大きいものは鹿。皮を剥いだ木があるから間違いない。鹿は冬場、木の皮を食べて飢えを凌ぐ。小さなものはリスだろうか。ネズミの可能性もある。大概は夜行性だから昼間、動物たちの姿を見ることは少ないけど、足跡で森に生きる者を感じる」

とお父さんは言っていた。

随分と離れて、もうお父さんの森ではない場所にまでモドリッチの足跡はのびていたんだって。それを追って追って、足跡は斜面を下っていたそうだ。先には川がある。お父さんはさらに焦ったらしい。足を滑らせ川に落ちたりしたら一大事だもの。お父さんは大きく声を張り上げて、モドリッチ！　と叫び続けた。舞台を長年やっているから大きな声を出すのは得意なんだって。自慢げにボクに言ったけど、

「それどころじゃねえだろう」

とボクは言った。でもお父さんには**「ワンワン」**としか伝わらなかった。

川縁にモドリッチはいたそうだ。流石に進路を絶たれ立ち往生していたみたい。さらに逃げないようにとお父さんは叱ることなく、落ち着いて名前を呼び手招きしたんだって。そうしたらモドリッチもこのプチ冒険のおしまいを感じたのか、大人しくお父さんの元へ戻ってきたみたい。

いつもはダジャレで「モドリッチ、戻りっち」って言うけど、その時言ったかどうかは不明だね（笑）。

首輪にリードをつけられ、モドリッチは無事、生還した。そんなことがあったから、今はまだモドリッチとタケフサは森の中でもリードなしでは散歩させてもらえないんだ。

ボクはね、今は「おいで」と言われたら絶対に戻るからお父さんの信用を得ている。もちろん、外ではしっかりリードをつけられて散歩してもらっているけど、私有地の森ではフリーで駆けずり回ることを許されている。

でもそれは〝反省した〟から。

実はボクにも前科があるんだ。

それは六年前、ボクとスアレスの逃亡事件だ。スアレスはボクより一つ年下の女の子。バーニーズマウンテンドッグという超大型犬。ゴールデンレトリバーのボクよりも大きかった。女の子だから体重の話をしちゃ怒られるかもしれないけれど五〇キロもあったよ。でも、そのスアレスは五歳で虹の橋（犬が死んだら行く場所とされる）に行っちゃった。とても好奇心旺盛なお転婆娘で、誰よりも負けん気が強かった。

そのスアレスとボクは冒険の旅に出たことがある。あれも冬だった。二月だったかな。とても寒かったことは覚えている。

前日に飲み会があったお父さんは朝から嫌なお酒の臭いがしていた。

「ああ、具合が悪い」と独り言を言っていた。二日酔いだね。それでもボクたちを遊ばせなければと思い、ボクとスアレスを外に出してくれた。雪は最高だ。ボクとスアレスはドッグラン

を走り回った。少しばかりその様子をお父さんは見ていたけれど二日酔いで具合が悪いと家の中に戻ってしまった。当時は木材で作られたお父さん自作のドッグランだった。それでも柵があるのだから、お父さんは外に出ることはできないと思ったらしく、少しばかり目を離しても大丈夫だろうと家の中に入ったらしい。

ボクとスアレスは雪の上を走り回った。暫《しばら》く遊んだ後にスアレスがちょっとした雪山——盛り上がった場所を見つけたんだ。


「ねえ、この雪山からジャンプしたら、柵を越えられるんじゃない」

ボクは戸惑った。

「ねえ、越えてみようよ」

「ダメだよ」

「どうしてよ。外の世界を見たいじゃない」

好奇心旺盛なスアレスはボクが躊躇《ちゅうちょ》することなど関係なく、柵を飛び越した。

「ほら、あなたもおいでよ」

その言い方が少しバカにされたような気がしたボクは、

「なんだよ、ボクだって」

と少し不貞腐《ふてくさ》れながらも柵を飛び越した。

「行くよ」

そう言うとスアレスは先頭を切って走り出した。ボクも負けずに走り出す。散歩ではリードをつけられ歩いていた道を、なんの縛りもなく駆け上がる。気分は最高だった。敷地を出て先に行けばキャンプ場や温泉もある。小さいながらもリゾート地だ。そこで思いっきり遊ぼう。ボクとスアレスは除雪された市道を駆け抜けた。途中、何度も車とすれ違って驚いた顔をする運転手、笑っている同乗者、様々だった。ただただボクらは楽しかった。

でもリゾート地に着いた時、ボクらは自由の身から逃亡犯に変わった。

「大型犬が二頭、敷地内に侵入」

ちょっとした事件だ。

ボクらはリゾートの関係者に捕えられた。関係者の方々は、

「多分、鈴井さんちの犬だろう」と話をしていた。

「でも一応、警察に連絡した方がいいんじゃないか」

と言われた。

ボクは、

「はい、鈴井のところの犬です。警察には連絡しないでください。大ごとにはしないでください」

とお願いしたが、周りには、

「ワンワンワン」

としか聞こえていなかったみたい。

強そうな警察官はすぐに来た。ボクらは警察車両に乗せられ警察署へと連れて行かれた。

ボクは不安だった。

「ねえ、ボクたちどうなるのだろう」

でもスアレスは持ち前のお転婆気質で、

「別に大丈夫じゃない。悪さしたわけじゃないでしょう。遊んでただけだもん」

と平然としていた。

警察署について間もなく、警察官の一人が近づいてきて、

「帰るよ」

そう笑って言ってくれた。

お父さんと連絡がついたそうだ。警察から電話を受けたお父さんはかなり慌てていたみたい。まずは犬がいなくなっていたこと。警察にボクらが保護されていたこと。お父さんは二日酔いで再び眠りこけていた。その間に起きた大事件。

ボクらは警察の護送車？　お父さんはそう言っていたけど、多分、普通のワゴン車に乗せられ森へと戻った。車から降りる時スアレスは、

「はあ、帰ってきた！」

と言わんばかりに晴々としていたけれど、ボクは申し訳なく項垂《うなだ》れながら車を降りた。ボクら以上に、お父さんは警察の方々に首を垂れて謝罪していた。そうだよね、飼い主として自覚が足りないよね。逃亡したボクらが悪いのは分かっているけど、そもそも原因が二日酔いで寝込んでしまってでは、これは呆れますな。

その頃のお父さんは言っていた。

犬はパートナーだ。犬は裏切らない。

でもね、今は違う。

犬はパートナーだけれど、全てを信用はしない。

大きく変わったの。自分で作ったドッグランの柵もその後、ちゃんとした業者さんにお願いして、木製から鉄の柵に作り替えたんだ。それ以上に、

犬を飼うのならば、犬中心に生活を改善する。

「可愛いだけのペットではなく、意思を持った生き物として接する。言葉というツールが使えないからこそ能動的に理解する。それにより互いの信頼関係を強くする。人間の思い込みで勝手な判断はしない。ましてや人間の都合で面倒くさがってはならない。犬と生活するとはそういうことだ」

そう誓ってくれた。だから中途半端に飲んだくれることもなくなった？　いや、少なくなったし、ちゃんと毎日、遊んでくれる。散歩もしてくれる。犬を外に出す時はずっと一緒。こんな話はお父さんを昔から知る人にすれば「えっ！」て驚かれるんだって。自分のことしか考えてなかった人が他者、それも犬。犬のために生きている？？？

でもボクは感じてるよ。もう暫くお父さんと一緒にいるから、どれだけお父さんが変わった

か。過去のことを考えても修正されるわけじゃない。

過去の失敗を消すことはできないけれど乗り越えられる。

かといって、

未来に対し過度な期待もしない。

もう実力の限界を知ったらしい。だから『今』を大切にするんだって。今、この瞬間、どうなのか？　そこに集約するとやるべきことがいっぱい見えてくるんだって。

今からは逃れられない。

ボクは今しかないから。犬は基本的に記憶もないし、未来を想う力もない。だから今、感じたことでしか対応できない生き物なんだ。でもお父さんもそう思ってくれるなら、うまくやれそうだね。

雪道に残った足跡。ボクらは何も感じないけど、そこで想うこと、感じることはいくつもある。姿形が見えるのが全てじゃない。息吹？　気配？　そういうのって忘れがちだよね。でもボクらは犬だけど、いつも何かを伝えようとしている。楽しいよ、かまってよ、お腹すいたよ。それを分かってもらえないと生きていけないんだ。人間も同じかも。みんな大きく小さくシグナルを出している。

発信じゃないんだ。受信なんだ。

感じてあげること。受け止めてあげること。それが大切なのかも。分かってくれないとか、どうして？　と思っているのは、

発信しか考えてないからじゃないか？

受け止めて、ボクらは**「ワン」**しか言えないのだから。

7

静かな時間

吹雪でなければ冬の森はとても穏やかなんだ。一面が雪に覆われた世界は真っ白に統一されて、心の中まで浄化されそう。寒いからだろうか、野生動物たちも静かに生活している。田舎生活の天敵である虫も活動停止で、びっくりするくらいの静寂が広がっているんだ。春や夏はカエルの大合唱が一晩中続いているし、秋にはキリギリスやコオロギがコンサートを開催する。でも冬はみんな演奏を控えるから静かだ。お父さんは言う。

こんな静寂は都会では味わえない。

札幌にいることもあるけど、その時はいつも外で車が走っていたり緊急自動車のけたたましいサイレンが煩かったり都会はノイズに溢れている。

でもね、田舎は人工の音はほとんどしない。お父さんが言うには、森の中の音は、

木から雪が落ちる音。

風が木々を通り抜ける音。

踏みしめる雪の音。

繊細な音だよね。

都会で暮らしていたら聞き漏らしてしまう音が田舎では聞こえる。

お父さんはよく言うんだけれど、

風が見える。

都会では埃が舞い上がるつむじ風とか、コンビニのレジ袋が舞うビル風とかはあるかもしれないけれど、森ではね、風の流れが見えるんだ。特に冬はね、分かりやすいの。風が木々に積もった雪を順番に落としていくから、風の動きが目に見える。風の流れだね。北から南へ、東から西へ。様々な風の進路が分かるんだ。

お父さんはね、

森では、見えないものが見える。

ってよく言う。

ボクには分からないけれど、森で生活して価値観が変わった、って言ってる。そもそも価値観って犬のボクには分からない。よく言うのが時計だね。昔はね、どんな腕時計をしているのかがステイタスだったんだって。高級腕時計。お父さんはそれを手首につけてキラキラさせてたみたいだよ。でもね、森で暮らすとそういうのは必要ないんだって。傷つけたらどうしよう、汚れたらどうしようという心配もなくなるらしいよ。というか、

自然の中で暮らすからには、傷ついて汚れる。それが当たり前。

それが分かってからは高級時計じゃなく、頑丈なGショックを身につけているよ。Gショックにも高価なものもあるらしいけど、安いやつ。でも、ぶつけても壊れないし時間も狂わないしライトもついてる。ソーラー充電だから常に動いてくれているんだって。

自分にとって何が必要なのか。

本当に時計が好きな人は別だけど、高級時計やブランド品を身に纏《まと》うのはどうして？　それ

は自分に必要なのではなくて、他の人の目を気にしてじゃない？　あの人、あんな高級なものを持っているんだ、と思われたいからじゃないのかな。

どうして？　認められたい？

高価なものを持っている＝凄い人、なのか。

お父さんはね、ボクに言うんだ。自分を守るために人は鎧《よろい》を身に纏う。高価で誰もが憧れるようなものを身につける。でもね、鎧は装飾が派手になれば派手になるほど重くなる。本来戦うべきものなのに身動きができなくなる。だから、実戦に出ない大将ほど兜《かぶと》とかも大きな装飾を施すんだって。

つまりはね、

派手な鎧では戦えない。それはもう戦わない象徴。

なんだって。

「高価なものに身を包むのは、一方では勝組かもしれないけれど、一方では戦うことをやめた者なのかもしれない」

とお父さんは言ってる。

　でも今のお父さんは違うんだって。

「戦いたい？　戦いたいとは違うかもしれないけど、安住はしたくない。自然と対峙する。苦労や挫折を味わうかもしれないけれど、そこに生き甲斐を感じたい」

　って言ってた。

「雪に閉ざされた森こそ苦労と挫折を味わわせてくれる最高の戦場。そこで繰り広げられる日々は、たとえ負けたとしても生き甲斐を感じさせてくれる。

　だからこそ、静寂を携えた森は愛おしい。時には苦難や困難を振り翳《かざ》す森であるのに、真逆に穏やかな顔を見せてくれる」

「森を埋め尽くした雪は太陽光に照らされキラキラと輝く。マイナス気温下でも太陽の光により雪の表面が溶け、水分と化したものは光の乱反射を受ける。まるでダイヤモンドをちりばめたような光景だ」

あ、ダイヤモンドをちりばめることをボクはしたことがない。もちろん、お父さんもね。想像の世界だけど、それだけキラキラしている。

雪は白いだけと思われがちだけど、わずかに青色を透過させる性質があるんだって。特に湿った雪は蒼く見えるらしいよ。寒さが厳しい時は白いけど、寒さが少し緩んだ頃は蒼く見える。さらに夕暮れ時には、傾いた太陽光に照らし出されて雪面がオレンジ色に光ることもあるんだ。本当だよ。ボクも見たことがあるもの。

一概に雪は白いと思うかもしれないけれど、そうじゃない。

雪は白いだけじゃない。

お父さんはね、目から鱗だったんだって。ずっと北海道に暮らしてきて雪は白いものだと思い込んでいたみたい。でも見る時間、角度、条件によって雪は白だけじゃないことを知ったそうだよ。

雪が赤だっていいじゃない。黒でも紫でも黄色でも。目に見えるだけじゃなく想像してみて

もいい。既成概念に囚われなくていいんじゃない？　それを強く感じたんだって。

思い込みは世界を狭める。

と思ったそうだよ。実際に自分の目で見たり体験したりして計り知る。そう学んだみたい。今の世の中って、

「らしいよ」

が多いとお父さんが言ってた。情報？　ボクは犬だからもちろん分からないけど、『実体験じゃない知識』が幅を利かせているみたいだね。自分では体験していないのに誰かの情報で、それが正解、正論、正しいと思い込む。自分ではよく分かってないんだよね？　誰かが言ったのを信じてる。

なんでもかんでも体験できるわけでもないけど、なんでもかんでも情報を鵜呑みにするのは危ないよね。ボクは犬だから何も分からない。お父さんを信じるしかないからボクも「らしい」と思うことは多いけれど、なんでも鵜呑みにする危険性って人間にはあるんだって。

右向け右、左向け左。

号令に合わせて行動する。そういうことあるよね。あ、犬のボクが生意気かな。流れが作られたらそれに乗っかって流される。流れるのは楽だからね。でもどうなのかな？　その流れ？　本当に正しい方向に向かってる？　多くのアドバイスを受けても、それを検証できるのは自分自身のはずだよね。

あのね、北海道の冬は本当に厳しいんだ。氷点下で寒いのは当たり前。それもマイナス気温が二桁になれば感じるのは寒いではなく『痛い』なんだ。防寒具に包まれていても顔の肌に当たる風で痛みを感じるんだって。ほら、ボクら犬は全身、毛で覆われているから寒くも痛くもないけど、人間は弱っちいね。

雪が積もれば車も動かせないし、除雪をするにも随分と時間を奪われてしまう。課せられるものは多い。なのに、どうして、厳しい環境下で生活するのだろうか？　それはやっぱり雪なんだって。

雪、白い世界はリセットさせてくれる。

お父さんが言うには、雪で覆われた世界は画用紙に似ているんだって。何色にも染まっていない真っ白な紙。それは『ゼロの世界』だそう。その白い世界は春には緑に覆われ、ところどころは桜色に染まる。夏には黄色や様々な色に彩られる。秋には紅色や橙色、黄金色に染まる。そして冬にはまた真っ白になる。

春夏秋と様々な色を塗り重ねるが、冬には真っ白に戻る。

それはね、人の気持ちにも通じるんじゃないかとお父さんは言う。一年を通して、色々とやってみるけど人生は思い通りになんかならないんだって。

苦しかったこと。悲しかったこと。悔しかったこと。思い出したくもないこと。恥ずかしかったこと。残念だったこと。腹が立ったこと。損したこと。

やり直したいよね。でも人生にやり直しはない。やり直しはないけれど、冬の真っ白な世界は、

リセットさせてくれる。

そう思えるみたい。真っ白になるのは丁度一年の終わりだものね。色々あった一年でも、

また『ゼロ』からやり直せばいい。

一見ネガティブに思えるかもしれないけれど『ゼロ』からやり直すというのは、すごくポジティブなことらしいよ。

中途半端に少し戻って、という考えじゃなく『ゼロ』に戻る。そこまで戻れば後はない。もう一度、進むしか残されていない。それが『ゼロの世界』。

北国には辛くて厳しい冬が必ず来る。でもそれにより毎年、リセットさせてもらえる。『ゼロの世界』からやり直せる。

なんだって。

8

汚い季節
ゼロは一を生む

長い冬が終わると春がやってくる。でも、その間にもう一つ季節があるのを知ってる？
『三寒四温』
『雪解け』
春の陽気を感じさせる素敵な言葉だけど、実のところは泥だらけの季節。綺麗に言えば季語にもなっている『春泥』だろうけれど、ドロドロに汚れた茶色い世界なんだ。

『この季節がボクは大嫌い』

だってちょっと外を歩いただけで、足や尻尾、お腹が泥だらけになっちゃう。冬だったら雪だらけになっても、少し体を払ってもらうだけでお家の中に入れる。でもね、泥だらけでは家には入れてもらえない。濡れたタオルで体を拭いてもらい、泥を落としてもらう。タオルで濡れた体を、乾いたタオルでもう一度拭いてもらう。これで済めばいいけど、

『泥』ってしつこいんだ。

毛に絡みついたら離れてくれない。タオルでダメならば、そのまま浴室に連れていかれる。シャンプーで洗い流しドライヤーで乾かしてもらう。ボクだけならまだしも、モドリッチとタ

ケフサはボクよりも大きいし、小さいけれどマラドーナはクリクリパーマだから洗うのは大変なんだ。全身シャンプーじゃなくても四頭（うち一匹）だから時間にしたら一時間はかかってしまう。この時期は、この作業がほぼ毎日だからお父さんもうんざりなんだ。

散歩に行くと地面にスリスリと体を擦りつけるのがボクは好きなんだ。泥の季節にスリスリしたらどうなるかは想像できるよね。だからこの季節になるとお父さんはボクたちの散歩をサボろうとするんだ。前の日に飲み会があったりすると「二日酔いだ」とか言い出す。ボクたちは知ったこっちゃない。自分は陽気に楽しんでいる時間、ボクたちは主人のいない家を守っているんだからね。だから散歩に連れていけとお構いなしにボクたちは体を擦り寄せアピールする。中でもグレートピレニーズのモドリッチはその巨漢をフル活用してソファに寝そべっているお父さんにのし掛かる。耐えきれなくなったお父さんは嫌々ながらもボクたちを外へ出してくれる。

洋服を着せられたり靴を履かせられたり『泥』を避けるためにいろんなことをさせられたよ。布でできた服は『泥』を吸い込んじゃうので効果がない。ナイロンでできた服は動きづらくて嫌い。シャカシャカ煩いしね。靴はもっと嫌い。『泥』を防げるかもしれないけれど、いずいんだ。

＊「いずい」北海道弁（東北地方でも使われる）～しっくりしない。心地悪い。

普段靴なんてボクたちは履かないもの。そもそもボクたちは足の裏の肉球で体の調整をしているんだ。人間はね、汗をかくことで体温調節しているけれど、ボクたち犬はね、舌を出して「ハアハア」と呼吸することで熱を体外に出しているんだよ。それで足りないと肉球から汗を出して調節するんだ。知ってた？

『犬の汗腺は鼻の頭と肉球にしかないんだ』

だから、靴なんて履かされると弱っちゃう。散歩の時はテンションが上がってるからなおさら。ましてや真夏に靴なんぞを履かされるとたまったもんじゃない。このことを知ってからお父さんはいくら『泥』で足が汚れようとも靴を履かせるという考えはなくなったみたい。シャカシャカが嫌いだとも分かったみたいで『泥』を避ける手段は、動きやすい布製の服ぐらいかな。

だから『泥の季節』の散歩は汚れること覚悟で出かけるみたい。水溜りや泥だらけの雪をよける。お父さんは巧みなリード捌《さば》きで水溜りや泥だらけの雪にボクたちを近づけないようにする。グイグイと何度もリードを引っ張られるからボクも楽しくはない。行きたい方向に行けないのだから。無視をしてグイッと水溜りに近づこうものならば「ダメ！」と叱られる。叱られるのは好きじゃない。だからね、この季節の散歩はお父さんも憂鬱だろうけど、ボクらも楽しめないんだ。

冬の間は思いっきり地面にスリスリと体を擦れたのに、それができない。

冬の後は、我慢の季節が来る。

寒く厳しい冬を乗り越えた後、すぐに春が来るのではなく、少しばかりまたも我慢をしなくてはならない。それが雪国なんだ。

「大変だなあ」と思われるかもしれないけど、そういうメリハリ、浮き沈みがあると人生がよく分かるとお父さんが言ってた。

「沈んで沈んで、とことん落ち込むことがあるからこそ、何かうまくいって満たされた時のその充足感、幸福度は半端ない」

だって。辛いことと苦しいことを経験することはより高い喜びを導くのには必要なことらしいよ。

だからこのドロドロの汚い季節は、

春の喜びを感じるためには必要な試練。

なんだって。

ボクは犬だからよく分からないけどね。

人間には乗り越えなければならない試練が何度もやってくるらしい。目を背けていては前には進めない。

汚い現実を見つめなければならない時もある。

とお父さんは言う。

人は嫉み、妬み、嫉妬する。

嫉妬って凄いね。妬む嫉むがダブルだもの。でもどうして妬んだりするのかな？　そもそもは「羨ましい」とか、「どうしてあいつだけが」とか、「自分はどうなんだ？」ってところから生まれるものらしい。

大事なのは「どうして自分は」と問うことらしいよ。相手の問題じゃない。自分の調子が悪いんだよ。自分の調子が落ちてしまっている時、自分ではなく他者に対して攻撃の目を向けてしまう。他者にベクトルを向けて現実逃避しているに過ぎないんじゃない？

だってね、仕事、家庭、すごく調子の良い時なんて他の人がどうであろうと気にならないよね。誰かが何か言ってきたとしても「大丈夫」って思うでしょう。

そういうことらしい。

不平不満の原因は外ではなく自分の中にある。

だそうです。

だからもっと自分を見つめ直さないといけない。実は自分で解決できることが多いとお父さんは思っているみたい。だから、

嫉妬は時間の無駄。

どうでもいいことらしいよ。他の人をかまっている時間があれば、もっと自分を掘り下げる

べきなんだって。確かに見たくない自分がそこにはいるかもしれないけれど無視はできないんだ。

自分が嫌いな自分も自分。

お父さんはボクに言う。

「俺は自分が嫌いだ。今までいろんな人に嫉妬してきた。なんであいつが。どうして自分じゃないんだ。世の中は分かっていない、と思った。認めてくれない外部に対して怒りを覚え嫉妬し恨んだ。でも違うんだ。認めてくれない？　違う。認められるようなものを生み出してはいない。問題は自分の内部にある。だから他の人に嫉妬するのはエネルギーの無駄遣いだし、時間ももったいない。もっと自分を見つめ直さなければならない」

ボクは犬だけれど分かるような気がする。

この『泥の季節』と人間の嫉妬は似ているね。あれだけ真っ白で綺麗だった冬。そして草木が芽吹き、桜が咲く春。その間にある『泥の季節』。

人間の嫉妬も「泥の季節」も醜い。

でもそれを乗り越えれば綺麗な世界が待っている。そのためには自分を見つめなければならないのかも。

醜い現実を避けるな！

調子が悪ければ、リセットすればいい。

「泥だらけになった自分を綺麗にすることから次へのスタートを切れるのかもしれない」

お父さんはそう言っている。本当は嫌いなんだけど、本当の自分を受け止めないと次には進めないと思っているみたい。

「春を迎えるために太陽は燦々《さんさん》と輝く。その陽気は冬に降り積もった雪を次々と溶かしていく。液化した雪は土と混じり『泥』を生み出す。『泥』はそもそもあったものではなく、春を

迎えるために生み出されたモノだ。真っ白で美しかった景観をその『泥』は茶色く醜い世界に塗り替える。
でもそれも生きる上で受け止めなければならない現実。できれば見たくない。でもそれは毎年やってくる。雪で隠されていたものが露呈する。
今まで雪に覆われていたものが出てくる。ゴミだ。雪は真っ白に全てを隠してくれていたけれど、雪解けは多くの現実を露わにさせる。ポイ捨てされたタバコの吸い殻や、空き缶、ペットボトル。誰が捨てたか分からない産業廃棄物など、醜いものが出てくる」

なんだかそれは人間が持ちうるモノに似ているのかもしれないね。

「冬。雪で真っ白にリセットされたような気になっていても、奥底にある醜いものは塊で雪の下にあった。それが雪解けで出てくる」

そのドロドロを直視しなければならない。

お父さんはボクに言うんだ。

自身の汚く醜い部分を理解する。

それを他者に向けるのではなく、自分自身に投げかける。受け止めるのは勇気がいる。でも、そうしなければ先には進めない。

泥だらけの自分と向き合う。

それが豊かな春を迎えるために必要なことなんだって。でもね、この季節、やっぱりボクは嫌いだな。お父さんは散歩に行くのもピリピリしてるし、春を迎えることに意気込んでなんだか怖い。

ちょっと思うけど、人間って考え過ぎじゃない？　もっとその時、瞬間を楽しんでもいいように思うんだけどな。人生って八〇年？　九〇年？　あるんだよね。でもね、ボクたちは一〇年前後、長くても一五年くらいかな。だから、一日、一時間、一分。その瞬間が大事なんだ。それを分かってね。

9

ベータな生活
〜二択を間違え続けた

ボクには全く分からない話だけど、お父さんはよく自分のことを、

ベータな奴。

と言う。なんでも昔、ボクが生まれるもっともっと前、数十年も前の頃の話だそうだ。当時、ビデオデッキというのが誕生したんだって。テレビの番組をビデオテープに録画したり、再生したりする機械だ。テープ？　テープってセロハンテープみたいな、ああいうやつに録画をするの？　なんのことだかよくは分からないけど昔はそうだったんだって。

で、もっとよく分からないのは、録画する方式がＶＨＳとベータマックス（以下ベータ）という二つがあったんだって。お父さんの家にはベータのビデオデッキがあった。ベータのビデオカメラもあったみたい。でもね、のちに世の中はＶＨＳが勢力を拡大しベータはこの世の中から消えてしまったんだって。

あっちにしとけば良かったと後悔する。

お父さんは人生を振り返るといつも二択の選択を間違えたみたい。間違えるというと大袈裟だけど、

ことが多いみたい。ビデオデッキはお父さんが選んだんじゃなくお父さんのお父さんが選んだものだけど、血は争えないのかな。結果的にはマイナーになっていくものを選んでしまうんだって。

コンピューターグラフィックを勉強しようと思った昔、アミーガというコンピューターを買ったんだって。覚えてる人もいるかな？『ウゴウゴルーガ』というテレビ番組で使われていたコンピューターなんだって。もちろんボクは生まれてもいないし犬だから知らない。アップル社のマックを買うかアミーガを買うか悩んでアミーガにしたみたい。でも、買って一年後にその製造会社が倒産したんだって。今、お父さんはずっとマックを使っているけど「初めからマックにしとけば良かった」って言ってるよ。

お父さんは天邪鬼なんだよね。みんなが良いというモノを選ばない。もう一方に目を向けちゃう。

人生の岐路もそう。「そっちなの？」という方向に行っちゃうんだ。若い頃は「これで良い！」と断言していたみたいだけれど最近は「まあ、仕方ないね、そういう性分だから」と言ってる。貧乏くじを引くのが得意みたい。

今の森での生活もそうかもしれないと言っている。ここへ来た本当の理由は、森で生活しよう。自然の中で暮らそう。ということだけではなかったみたい。

逃げ場所を探していた。

詳しくは分からないけれど、森へ来る前のお父さんは現実から逃げ出したかったらしい。ちゃんと話してくれたことはないから分からないけれど、ちょっとお酒が入った時に何度か、そういう話を聞いたことがある。

日常でいろんなことがうまくいかなくなり、逃げ出したくなったんだって。それは自業自得でもあるって言っていたけど、その時はそうじゃなかった。まさにお父さんにとっての『泥の季節』だったんだと思う。

仕事で何度も来ていた赤平。そこで生活を始めようと考えたみたい。この森なら誰にも干渉されずに生活できる。

森移住の本当の理由は現実逃避。

だったんだ。だから森で草を刈ったり木を倒したりする作業も最初は悶々としていたらしい。

晴れやかな気持ちではなく当初は、

自分は何をしているのだろう。

と疑問を感じていたんだって。

それでも現実を直視することはできず、

逃げて逃げて、逃げ続けた。

本当は早い段階で問題を直視すべきだったのかもしれない。だけどできなかった。ここでも二択の選択をお父さんは間違えたのかもしれないね。

「現実逃避は加速した。森を手に入れたことに始まり、毎週末には開墾に勤《いそ》しんだ。草刈りや倒木だけでは飽き足らず、重機操作の講習にも足を運び本格的に原野を切り開いていった。一年後には母屋を建て（これは大工さん）二拠点生活が始まる」

森での生活は当初『逃避』だったけど、ボクを迎え入れてくれた時から『犬との生活』とい

う大義名分をお父さんは言い始めたんだ。都会では難しい大型犬を飼いたい。モカさんの騎士になる存在。それは嘘じゃないだろうけど、森で生活する意味をお父さんは後付けし、ボクたち犬を言い訳にした。

お父さんは自分を、

まるで落武者みたいだ。

とも思っていたみたい。

現実に負けて森に逃げ込んだ。

お父さんはボクにすごく愛情を注いでくれた。それはどこかで森での生活を正当化しようとしていたからかもしれない。

だってね、それまで何不自由なく都会で暮らしてきていたのに、こんな田舎のしかもライフラインでさえ心もとなく、不自由で不便なところで暮らせる？　そもそも都会でしか生活できないと言っていた人だよ。アウトドアなんて大嫌い。キャンプなんてもってのほか。ふかふかのベッドとバスルームがないと暮らせないと言っていた人だよ。仕事でカナダのユーコン川を一六〇キロもカヌーで下ったことがあるそうだけれど、アウトドア生活は「地獄」だと言っていた人だ。

なのに何もない自然の中で暮らしていくにはなんらかの拠り所がなければならない。それがボクら大型犬だったのかもしれないとボクは思っている。都会では大型犬を飼育できる環境は限られている。そもそも飼っていいとされる住居は限られるみたいだし、散歩しようとしても通行人やら何かと気掛かりなんだって。ボクら大型犬はそのサイズで分かるように豊富な運動を求める。散歩じゃ足りないよ。走り回りたいんだ。そういう機会は有料のドッグランにでも出かけないと叶わない。

森は格別だ。誰もいない。走り回れる。ボクらにとっては最高の場所なんだ。だからお父さんは時間を作ってボクらを森に連れてきてくれる。森での生活はいつしか『現実逃避』から『犬との生活』というほのぼのとした主題にスライドしていった。

ボクたちが自由に走り回れるように柵を施しドッグランを作ってくれたり（しかも二つ）家の床材も滑らない犬用にしてくれたりしている。

調子に乗ったお父さんはボクに新しい仲間を連れてきてくれた。今はもう亡くなってしまったけど、バーニーズマウンテンドッグのスアレス。バーニーズは大型犬ではなく超大型犬なんだ。ボクより体重は一〇キロも重かった。女の子だったけれどね。その後も、グレートピレニーズのモドリッチ。これまた超大型犬。今いる中では一番大きい。立ち上がればお父さんと変わりない。和犬で唯一の大型犬である秋田犬のタケフサ。他にもトイプーのマラドーナ。

　こうなるともう一つ問題が生まれた。それは森での生活は大丈夫だけれど札幌での住居なんだ。分譲、賃貸、マンションで大型犬を複数飼うのは無理だったそうだ。今は分からないけれど一〇年前の札幌ではマンションで大型犬を飼えるのは三棟しかなく、その条件も大型犬は一頭まで。複数は無理だったみたい。となれば戸建てしかない。だから札幌にも戸建ての家が必要となったんだ。それで結局、お父さんは札幌にも家を建てた。ボクたちと暮らすためにね。七〇歳までローンがあるらしいよ（笑）。

『現実逃避』から『犬との生活』に大義は変わっても皺寄せは多く生み出された。そもそも、

森での生活の動機は不純だった。

　それを正当化しようとお父さんは今、森での生活に必死なのかもしれない。

　森での様々な取り組みは、雑念を払うかのようにも見える。そういえばこんなことを言っていたのを聞いたことがある。

負い目があるからこそ頑張らなければならない。

森での生活は、ある種、十字架を背負ってやってきたことなのかもしれないね。

間違った選択でも、歪曲してでも正す。

それは全て、

その後の行動で決まる。

だから、

選択を間違ったとしても修正はできる。

と信じているとお父さんは言っていたよ。ただし、芋焼酎を三杯は飲んでいた。だからそれが正しいのかどうかはボクには分からない。

10

残雪～森は生きている

三月は森を整備する絶好のタイミングらしいよ。春が近いこともあって気温はマイナスからプラスになる。太陽も高度を上げるので「ポカポカ」という体感が心地いいんだ。この季節になるとお父さんはチェーンソー片手に森の奥へと行く。木を倒すんだ。危ないからボクたちは連れていってもらえない。

木を倒すのは、この時期が勝負！

冬に木が乾燥して木を倒すのには絶好のタイミングみたいなんだって。

「真冬は気温が低くて寒いから作業はとても辛い。でも三月になれば寒さも緩むので作業能率は上がる。真冬は積雪量も多いし、木の根元も雪に埋まっている。三月には積雪量も減って、雪も木の根元近くまで下がる。だからタイミングとして三月がベストだ」

「木を切る理由は二つ」

次のシーズンへ向けて薪づくり。と、間伐。

森の生活で薪は欠かせない。暖房。お家には電気パネルや灯油ストーブはあるけれど、薪を燃やせば一気に部屋は暖かくなるんだ。匂いもいいよ。木が燃える匂いは気持ちが落ち着くんだよね。

薪はね、燃料として使えるようになるまで随分と時間がかかるらしい。切り倒してもまだ水分を含んでいるから時間をかけて乾燥させる。短くても二、三年は太陽さんの光で乾燥させたいんだって。

もう一つの目的は間伐。森の木の生長を促進するためには、間引きをしなければならないんだって。ほったらかしにしておくと木や草が生え放題になり、太陽光を遮ったり、生長を争ったりするので、森にうまく光が注ぐように木を倒したり草を刈ったりしなきゃならないみたい。

「九月から三月までは木は水を吸わない時期なので、その期間に倒すのがいい。けれど十一月から二月までは森は深く雪に覆われてしまう。だから雪が溶けて積雪が低くなり寒さも緩む三月が良い。春になるとその息吹で根から水を吸収したり生長が活発になったりするから、その前に倒す」

チェーンソー片手に森の中にお父さんは入る。もちろんボクは連れていってもらえないから

お父さんから聞いた話でしかないけどなんだか不思議な世界なんだって。

何がかって？　お父さんが、

木の悲鳴を聞いた。

ことがあるんだって。

はあ？　何それ？　って思うよね。

その時のことを覚えておこうと書き留めた物があるそうなので、それを紹介するね。例の日記ね。

三月十五日、晴れ。気温プラス四度。

夜更けにはまだマイナス気温になるが、太陽が出ると一気にプラスへと転じる。たとえ、三度や四度、一桁気温だとしてもプラスともなれば暖かく感じられる。

全国放送のテレビからは桜の便りが伝えられるが、ここはまだ真っ白な雪に全てを覆われている。春の便りはまだ届いていない。

この時期にやらなければならないのは倒木だ。水分量が少ないこの時期の木はチェーンソーの刃を気持ちよく受け入れてくれる。春になれば水を根から幹、枝、葉へと活発に吸い上げる。そうなるとチェーンソーの刃は、葉への吸い上げの勢いに負けてしまう。まさしく歯がたたない。そうならないためにもこの時期が勝負だ。

とはいえどもプロではないから倒せる木には限りがある。胸高直径というのがある。木の太さの基準となるものだ。木の太さは、人の胸の高さ、およそ一メートル二〇センチ、北海道は一メートル三〇センチで計る。どうして北海道だけ一〇センチ高いかは、明治期に指導にあたった外国人によるものらしい。ヨーロッパは一メートル三〇センチ。アメリカは四・五フィート（一・三七メートル）なんだとか。その胸高直径が三〇センチ未満を切り倒す。スイカを丁度真っ二つに割ったぐらいの大きさだろうか。

まずは木を倒す方向を決める。条件は二つ。一つは、引っかかって障害になってしまいそうな木がない方向。もう一つは切り倒す木がどちらに傾斜しているかを見定める。木はどれも真っ直ぐではない。太陽の光や風の動線によって僅かでも北か南か、東か西か、どちらかに傾いていている。それらの見当をつけ倒す方向を決めるのだ。

方向が決まれば、倒したい方向に傾くように受け口という切り込みを入れる。ひらがなの「く」の字のように三角に切り込む。厳密にいえば、下部は水平に、上から下へ斜めに切り込んでいく。見当違いがなければ、この受け口の方向へ倒れてくれる。

ただし、そもそも木の伸び具合やどちらに傾いているかを見間違うと、とんでもないことになってしまう。思った方角の反対に倒れてくる。厄介なのを切っているとチェーンソーが挟まってしまうことがある。本来ならば受け口の方向に木の重心は移動してくれる。木が傾いてくれるので、チェーンソーが切り込んだスペースには空間が広がっていき作業はスムーズに進む。しかし見間違うと反対側に傾いてしまう。切っているチェーンソー側に倒れてくるのだから重心もこっちに移動し、チェーンソーが挟まってしまうことになる。そうなると木の重みで抜くことができない。

こうなると木にロープを掛けて無理やり反対側に引っ張り倒すしかない。それでもダメなら、もう一台、違うチェーンソーで一から作業をやり直すしかない。時間もかかって面倒だが一番は見当違いをした心のダメージが大きい。

何度も何度もこうした失敗を繰り返しながら春を迎える準備をしてきた。

木を倒す時に不思議な感覚？　体験をしたことがある。それは木の悲鳴を聞いたことだ。

木が倒れる時に悲鳴のような声を聞いた。それも一度や二度ではない。数えきれないぐらい何度もだ。

しかもその声は決まって男性の唸り声のように低く重苦しいものだ。最初は気のせいだと思った。二回目の時は、物理的に発せられる木の軋みかと耳をそばだてた。いや違う。声だ。誰かが発する声だ。三回目には声だとは分かってもそれを誰が発しているかは分からない。だから思ったのは幻聴。疲労か精神的ダメージか？　自分を疑った。だが木を倒す時以外、この不可思議な音を聞いたことはなかった。

四回目ともなると、それは倒れていく木から発せられると認めざるを得なかった。

その命が絶える時、木は唸りに近い悲鳴をあげる。

多くの人は「そんなバカな」と思われることだろう。このことを北海道在住の著名な脚本家の先生にお話ししたことがある。そう、北海道といえば「あのドラマ」と思われる作品を生み出した大先生だ。その方もまた同じような体験をされたとおっしゃっていた。

ボクがこの森に来て十二年。この森の木たちは、もっともっと前からこの森で生きてきた。三〇年、五〇年、もっと前かもしれない。

ずっとこの森で生きてきたんだ。そこへ一人の人間がノコノコと入り込み身勝手に木を切り倒し命を奪い去る。
その悲鳴は、無念さなのか、人間に対する抗議なのか、それとも森の保全を願うものか、それは分からない。でも何かを伝えようとしてのことだろうと感じるようになった。彼らは喋ることができない。でも伝えたいことはある。そうなのだと思う。

少なくとも時々聞こえるその悲鳴で、僕は命について考えるようになった。人間は自分が生きるために無数の命を奪っている。日々の食事はもちろん、都合で環境を破壊する。行くところまで行ったら地球に優しくとか言い出すけど、それもまた人間中心主義に過ぎない。

森で生活するとすごく分かることがある。それは、人間は無力であるということ。

文明というぬるま湯に浸り過ぎて自然界では何もできない。
それが人間という生き物だ。
動物や植物、生き物を本当に分かろうとはしていない。

森で生活するということは多くの命と共生し、そして多くの命を奪うということで成り立つ。相反すること。多くの矛盾が存在する。それとの葛藤。

ある意味、森での生活は残酷だと思う。多くの命を奪わなくてはこっちがやられてしまう。日々戦いなのだ。

よく「自然豊かな場所で暮らしたい」という言葉を聞く。でもそれは人間本位な考えであって、自然豊かな場所は不自由で険しいのだ。そして残酷にならなければならない。それを受け止められるか？

木の悲鳴が聞こえる人は少ないのかもしれない。でも木の悲鳴を聞ける者として自然と真摯に対峙していかなければと思う。

僕は多くの犬と暮らしている。尻尾を振ったり吠えたり少しは感情を汲み取れるが、森の木々同様に彼らも喋ることはできない。人間の勝手な解釈で彼らと向き合ってはいけないように思う。

何事も人間の都合で解決すべきではない。

そう思うようになったのも森で暮らすようになってからだ。

だから可能な限り犬に寄り添い、対等な立場で付き合って行きたいと思う。


とお父さんは書いているけど、どうなのかな？

ボクたち犬と人間は全然対等じゃないよね。煩くしたら怒られるし、吠えたら嫌な顔をされる。それにボクらは自分でご飯を用意できないから、愛想良く尻尾を振って「ちょうだい、ちょうだい」をするんだよね。

お父さんは、森に来て自然や環境、命について深く考えるようになったと言うけれど、それも森に来なかったら気づけなかったの？　と思っちゃう。

ボクらはまだ、森で外に出て駆けずり回ったりできるけど、もう亡くなってしまったミニチュアダックスフンドのモカさんが言ってた。


「あなたたちは最初から森で生活できたからいいわよね」

「どういうこと？」

「森では自由に走り回ったり、いろんな物の匂いをクンクンしたりできるでしょう。リードに繋がれないで自由に動ける」

「そうだね」

「私は都会暮らしが長かったから、その頃は毎日、紐に繋がれてトコトコ歩くことしか許されなかった」

「そうなの？」

「走り回るなんて、年に一度か二度、ドッグランでしかできなかった」

「走れないの？」

「そうよ。道端でウンチをしたら怒られたしね」

「ええ！　ボクは毎日、外でウンコするよ。だって外でするウンコは気持ちいいもん」

「ダメよ。片付けが大変だとか恥ずかしいとか嫌味を言われてね」

「そうだったんだ」

「そうよ。所詮人間は身勝手なのよ。可愛い可愛いと言ってはくれても私たちはペットでしかない。人間の生活に合わせたら窮屈でしかない。でもここではペットじゃなく動物として扱ってくれているでしょう。ここは幸せな場所なんだよ」

「そうなんだ」

ボクたちにとっては当たり前だと思う世界も、多くは違うみたい。

『自分がいる世界を当たり前だとは思い込まない』

モカさんの話を聞いてボクはそう思うようにした。

11

春が来た

当たり前だけど北海道の春は遅い。雪解けの『泥の季節』を越えて草木が芽吹くのは四月中旬過ぎ。心から「春だなあ」と感じるのはゴールデンウィーク頃かな。桜が咲くのもその頃だからね。四月に入ってからでも雪が降って真っ白な冬に逆戻りなんてことも珍しくない。まあ、この頃は雪が降っても翌朝には陽光ですぐに溶けてしまうけどね。

やっぱり春はなんだか『ウキウキ』しちゃう。十一月から四月まで、半年間も続いた閉ざされた世界から解放されるんだ。そりゃあ『ウキウキ』もしちゃうよね。

『ウキウキ』気分のボクらとは違い、お父さんは戦う準備をしている。

何と戦うかというと、それは『熊笹』。

伸びればお父さんの身の丈ほどにもなるイネ科の植物だ。細長い葉が特徴的で硬い。細い竹みたいなやつ。それが隙間なく地面を覆ってしまう。熊笹を掻き分けて進もうとすると夏場なんて人間は半袖だから、葉が刃物となって肌を擦り切る。腕が傷だらけになってしまう。だから、この春のうちに、

熊笹退治をする。

武器は刈払機（草刈機）。除草剤という手もあるけど、お父さんはボクたちワンコのことを考えて薬品は使わないようにしてくれている。今は『ペットも大丈夫』ってのがあるけど使わ

ない。ひたすら刈払機で熊笹と格闘するんだ。

刈払機というのは、チップソーと呼ばれる円盤形の刃を回転させて草を刈り取る機械なんだ。ガソリンエンジン式や電動のものとか馬力も様々みたい。最初は近所のホームセンターで売っていたお手頃のものを使っていたけれど、馬力が物足りないということで今はプロ仕様の排気量の大きいのを使っているんだって。電動式は使いやすく音も静かだけど熊笹を相手にするには力が弱いみたいだよ。

刃もね、一般的な草用から山林用とか、熊笹用っていうのまであるらしいよ。

取り扱いは見た目ほど難しくはないけれど、ちゃんと分かっていないと危ないらしい。

中でも『キックバック』という現象があるらしいよ。作業中に大きな石に触れたりして当たりどころが悪いと、刈払機の歯が自分へと跳ね返ってくる。体に接触すれば大怪我に繋がる。だって回転している刃物だからね。

芝みたいな短い草を刈るなら大きな石とかは見つけやすいと思うけど、相手は熊笹だよ。鬱蒼とした森では足元すら見えない。ましてや何が転がっているかなんて分かるはずもないんだ。

だから、

作業は慎重かつ大胆に。

気を付けてばかりだと時間がいくらあっても足りなくなっちゃうんだって。だから、細心の注意を払うけれども思い切ってやる。

なんだか、何かにトライする時に似ている感じだね。慎重過ぎてもダメ。大胆過ぎてもダメ。

お父さんが言うには、

相反する考えを兼ね備えるべき。

「攻守を考える。矛と盾を兼備する。たとえ矛盾しても両方のバランスを考えながら事を進める」

そのことを日々の草刈りでお父さんは感じているらしいよ。草刈りなんて人生において、大したことじゃないらしいけれど、その単純作業の中から大切なことを学んでいるみたい。そう、この、

大したことじゃないものにこそ学ぶべきことがある。

それが森での暮らし、自然の中での生活の良さみたい。

「どんなことも真剣に取り組めば、ちょっとしたことの中にヒントが見つかる。いい加減にしていれば何も見つけ出せない。仕事も勉強も能動的になれば得るものがある。でも受け身でいたら時間だけを費やすことになる」

ボクは犬だからいつも受け身でよく分からないけどね。

話を草刈りに戻すね。熊笹は土から出た部分を刈ってもダメなんだって。根を刈り取らないとまた翌年に出てくるから同じことを繰り返さなければならない。熊笹の根は『地下茎』と言われて横長に他の笹と繋がっているんだって。一部を刈っても繋がっている他の部分から栄養を吸い上げて生長するらしいよ。だから根絶しないといけない。除草剤なら根まで浸透してくれるから簡単なんだけど、除草剤はボクたちのためにお父さんは使わないから、刈払機で土をえぐりながら根も切っていくんだ。土の中にチップソーを刺すわけだから『キックバック』の危険性は高まる。これこそ、

慎重かつ大胆が大事。

らしいよ。

もちろん安全対策として刃をガードする防護服や手袋、ヘルメットにゴーグルをお父さんは着用している。だからといって安心は禁物だよね。チップソーに触れた小石からの襲撃は頻繁に起こる。小石といえどもバカにはできないみたいで、当たれば青タン赤タンは当たり前。時には血が出るほどのダメージも受けるみたい。痛いねえ。

それでもお父さんは果敢に攻め込む。田畑の土を掘り起こす耕運機と見間違うほどに土をえぐっていく。土に埋もれた根を根こそぎ切る。それはもう草刈りとは言えないのかもしれないね。熊笹が倒れるのと同じくして土も舞う。雪解け水をまだ含んだ土は長靴にへばりつき、土と長靴の境界線が分からなくなる。まるで土から生えた植物のようにお父さんは地球と同化する。

そうなんだ。春は、

地球と同化する季節。

だってお父さんは言っているよ。

「様々な動植物たちが活動を生き生きとさせる。人も同じで春には新たな気持ちで人生のスタートを切る。新学期、新生活は主に春から始まる。
新年といってお正月に新たなる目標を掲げることもあるのかもしれないけれど、それは気持ちの上でのことに過ぎない。初詣で誓ったり、書き初めを書いたりしても、正月は大概休みですぐ行動を起こすものではない。でも春は、考えることよりも新しくやるべきことが多い。新年は『願い』であり春は『行動』だ」

地球も同じで、動植物たちをはじめ多くの生命が活発になるよね。ボクたちもそうなんだ。発情期でもあるからちょっと興奮気味。でも今、我が家にはオスしかいないから悶々とするだけなんだよなあ。

「ああメスの匂いを嗅ぎたい。嗅ぎたいんだ！」

何年か前のこと、仕方ないからお父さんの足にしがみついて腰を動かしたら、すごく怒られた。それからはグッと堪えて我慢することにしてる。ボクらは発散できないんだ。エロビデオ

も風俗もない。まあ可愛らしいメス犬の写真を見てもどうにもならないけどね。視覚で快楽を求めているんじゃないんだ。

匂いなんだ。匂い。ああ**「クンクン」**したいけどできないんだよ〜。


春は『行動の季節』。


何事も早くに取り掛かるのが大事なんだよね。ウカウカしていたら取り残されて乱暴者の夏がやってきてしまう。そのためにも地球と同化して速度を速めなければならないんだって。熊笹に森を占拠されてしまう前に、やっつけてしまう。この作業がどれだけ大事なことか。悶々としているボクにはよく分からないけれど、春になるとお父さんは忙しそうだ。

朝から日が暮れるまで刈払機を背負っている。だから夜、お風呂上がりには湿布を首や肩、背中に鏡を見ながら貼っている。痛々しいね。

大変そうだけれど、作業をする毎日で感じるのは、着実に成果が目に見えることだそうだ。数日前に刈り倒した熊笹は枯れて黄色に変色しているんだって。そのエリアが日ごとに広がっていく。行動した成果が目に見えて理解できる。仕事や勉強は成果をすぐには感じられないけれど、森での生活はその都度、成果を実感できるみたいだよ。

目で確認できるから分かりやすい。

また少しほろ酔い気分でお父さんはボクに言ってきた。ボクが犬だと分かっててだよ。酔うと少し自慢げになるからボクは、そんなお父さんはあまり好きじゃない。

　この目で確認する森での経験から、お父さんは、

仕事を自ら可視化する。

ようになったんだって。どういう方法でもいいから「見えるようにする」らしい。

　例えば、このような本を書く時は『執筆カレンダー』というのをつけて「何月何日、何文字書いた」というのを記載するらしいの。書かなかった日は空欄。そのカレンダーを見て、どれくらい進んだかを確認するんだって。でも本は原稿があるから、そもそも可視化されたものではあるんだと思うけれど、それとは別に作業効率とか積み重ねとかを分かりやすくメモるらしいよ。

　仕事でも考えついた時に「いつどうして思いついたか」「いつ企画書にしたか」「どういう会議をしたか」を箇条書きで記しておくんだって。ノートとか日記帳じゃなくただの白紙に書くらしいよ。それが一枚二枚と増えていく。その紙が可視化されたものらしい。今、自分は何を

やってきたかを見えるようにすることで『成果』とまでいかなくとも『経過』を知ることができるみたい。

よく人間関係で、特に恋愛なんか「言葉にしてもらわないと分からない」とか聞くけど（ボクは犬だから分からないけど）仕事や勉強、自分がやっていることを『目に見える』ようにすると分かりやすいみたいだよ。

森での生活はその全てを目で見られて肌で感じられるらしい。その体験をお父さんは自分の仕事に反映しているそうだ。

積み重ねたものを頭の中でだけじゃなく目や耳で感じられるようにする。

パソコンやスマートフォンに記憶、手帳に書き記すだけでなくいつも目につくようにしておくのが大切。

なんだって。

本当に、

森から学ぶことは多い。

とお父さんはいつも言っている。

12

厄介な生き物たち

先にも言ったけど春になると植物だけじゃなく、多くの動物たちも活発になる。ボクらもちょっと興奮気味だけど、多くの動物たちもテンションが高くなるんだ。

ずっと冬眠していた爬虫類《はちゅうるい》や両生類、エゾシマリス、そしてヒグマも目を覚ます。冬の間、見かけないなと思っていたら縞々のエゾシマリスも冬眠するんだって。でも灰色で大きなエゾリスは冬眠しないみたい。同じリスでも木の上を活動の場所にするエゾリスは餌を見つけるのが上手で冬眠の必要がないんだとか。それに比べ地上で生活するエゾシマリスは餌に困るから冬眠するんだって。同じリスでも違うんだね。

ボクらも自力ではご飯を見つけられないから冬眠した方がいいのかな？　そんなの嫌だね。冬は雪があって楽しいからね。ご飯はこれからもお父さんにお願いしようっと。


よく、田舎暮らしをしたいという話を聞くけど、一番乗り越えなければならない問題があるんだって。それは前にもお伝えしたけれど、

虫。

虫はもう凄いの。蝶々やトンボみたいな可愛らしいのもいるけれど、蛾とか蟻とか蚊とか、数が半端なく多いんだ。蚊取り線香や殺虫剤を使うけれども、一匹二匹じゃないからもう大変。

この社会で人間を殺すものランキングで二位が『人間』なのは殺人事件や戦争で分かるけれど一位は『蚊』なんだって。『蚊』は直接刺されて即死するわけじゃないけれど細菌が蚊を通して入り込み死に至らしめるらしいよ。虫は怖いんだよ。

そうそう殺虫剤って、いろんな種類があるのを知ってる？　蝿や蚊はもちろんだけどそれぞれに専用の殺虫剤があるんだ。蛾、蟻、虻《あぶ》、蜘蛛、カメムシ、スズメバチ、カミキリムシ、ダニ、コガネムシ、ムカデなどなどいっぱいある。都会では見かけないのかもしれないけれど、田舎のホームセンターには商品棚に「それぞれ用」として並んでいるんだ。森のお家には一〇種類くらいの殺虫剤が置いてある。

さらには害虫よけとして、電撃殺虫器が外には設置されているよ。青白いライトで虫を呼び寄せて感電死させる照明器具。一昔前にはコンビニの入り口とかにあったのを覚えていないかな。虫が感電する時「ジリジリ」とか嫌な音がするあれ。そんなものが今でも森にはあるんだ。

とにかく、

虫は厄介。

虫が苦手な人は森には住めない。

中でもヤバイのは『オオスズメバチ』なんだよ。体長は五センチくらい。ハチとしては世界最大らしいよ。黄色い顔をした怖い奴なんだ。

ボクたちも毎年、この『オオスズメバチ』に追いかけられて怖い思いをする。ボクは刺されたことがないけれど、他の子は刺されたことがあるみたい。奴らは軒下だけじゃなく地中にも巣を作るらしい。ドッグランの中にも巣があったんだ。近づくと地中から十数匹の『オオスズメバチ』が出てきて追いかけられた。みんな逃げた。でも逃げ遅れた子がいて、その子は**「キュンキュン」**言いながらその場でぐるぐる体を回していたんだ。何回も何回も回っていた。お尻あたりを刺されたんだと思う。お尻を見ようとしても見れないからぐるぐる回っていたんだよ、きっと刺されたんだね。

それを見ていたお父さんは白い防護服を着てハチ退治を決行した。武器はスズメバチ用の殺虫剤。スプレー式だけど普通の殺虫剤とは違って、引き金がついていて拳銃のように構えて使う凄いやつなんだ。それで地面に開いた穴から中へと噴射する。恐ろしいのはここから。穴から一気に数十匹の『オオスズメバチ』が出てくる。攻撃性が強いからたまったもんじゃない。お父さんは手にした拳銃型のスプレーで応戦する。しかも両手で。二丁拳銃だ。殺虫剤の威力は絶大で、即死はしないものの地面に落ちたり退散したりする。

こんな戦いをこの一〇年間で数十回してきたみたい。春から巣作りを始めるので、母屋や物置、いろんなところの軒下をチェックしては、殺虫スプレーをかけて長い棒で取り除く。もちろん攻撃される可能性があるから防護服は欠かせないらしい。棒を伸ばしても届かない屋根裏とかの巣は、電動ガンを撃って破壊したこともあるんだって。ワイルドだね〜。

お父さんがこれだけ『オオスズメバチ』に執着するのには訳がある。それはね、

『オオスズメバチ』に刺された。

ボクが生まれる前のこと。一〇年前の話らしい。森で生活を始めて間もない頃、季節は夏の終わり。畑に食べ頃になったスイカを取りに行ったらしい。

スイカの隣にはメロンも植えてあった。そこで聞いたこともない音がしたんだって。「ガシャガシャ」何者かがメロンを食べている。よくメロンを見ると半分に欠けていて、中には三〇匹くらいの黄色い奴がいたんだって。「ハチもメロンを食べるんだ」と悠長なことがまずは浮かんだらしいけど、すぐにまずいと思って、静かに横にあるスイカを抱えてその場を去ろうと動き出した。

次の瞬間「ブーン」という音が近づいてきた。

「まずい」

と思ったらしいけど後頭部に、

強い衝撃を受けてよろけた。

何が起きたか分からなかったんだって。だって頭の後ろを誰かに殴られたんだから。でも誰もいない。ただ「ブーン」とハチが飛んでいる音がした。

「え？　こんなに強い衝撃なの」

と驚いたみたい。

『オオスズメバチ』に刺されたとしたら大変だ。ハチは刺すと匂いを分泌して仲間を集める。仲間が集まってくる。お父さんは走って家の中へ逃げた。なんとか二次被害は免れたけれど、次に大きな不安が襲ってきた。

アナフィラキシーショック。

短い時間で表れるアレルギー症状で、これで血圧低下、意識障害を引き起こし、場合によっては死に至ることもあるんだって。近所でも数年前に死んだ方がいるという話を聞いていたから、お父さんは相当焦ったみたい。

しかも発症するまでの一五分以内に治療しなければならない。制限時間は一五分しかない。救急車を呼ぼうにも消防署から森へ来て、森から病院へ行くには一五分以上はかかってしまう。病院までは車で一二、三分。今自分で出れば一五分以内には行ける。

でも受付やら何やらしていたら時間は過ぎる。そう考えたお父さんは、まずは車で病院へ向かった。車中、ハンズフリーで札幌の事務所に連絡をし、事務所から病院へ連絡を入れてもらいすぐに治療してもらうよう手筈をつけた。

気持ちは焦っても安全運転を心がけなきゃならない。もしも意識が低下してきたらどうしよう。万が一、命に関わるような事態になったらどうしよう。ここ近年で最大の危機に瀕したらしいよ。

なんとか病院に着き、すぐに解毒治療や点滴をしてもらい難を逃れたらしいけれど、この経験が相当こたえたらしく、その後は何かと『オオスズメバチ』を目の敵《かたき》にしている。駆除のためにハチ用の捕獲器があるのだけれど、それを森の中に一〇個以上も毎年設置しているし、殺虫スプレーは敷地内の至るところに置かれている。

それにエピペンという注射も玄関に置いている。これはアナフィラキシー症状を一時的に緩和させる補助治療剤なんだって。刺されたら太い注射器を太ももに刺して治療する。病院に行って指導を受けて手に入れたみたい。さらにはアレルギー検査もしてもらったらしい。結果的には『オオスズメバチ』に刺されてもお父さんは大丈夫みたいだけど、

最悪の事態を考え準備する。
この程度で大丈夫、は自然界には通用しない。

森に来るまでお父さんは何事も「なんとかなるさ」とタカをくくっていたみたい。でも自然の中ではそれは通用しない。最悪を想定し、しっかりと準備しておかなければならないんだって。

この町はね、田舎なの。森まではバスも来ない。タクシーもない。あるのはハイヤー。タクシーとハイヤーの違いっていうのはね、タクシーは流しやアプリ、タクシー乗り場で利用できるよね。一方、ハイヤーというのは電話をかけて呼ぶシステムなんだって。しかもそのハイヤーは午前一時から朝の六時までは営業していないみたい。交通手段が空白になる時間帯があるの。だからお父さんはいつもお酒を飲む時、指差し確認をしている。

お酒を飲んでしまったらもう車の運転はできない。朝まで森から出る手段はない。

「大丈夫。もう大丈夫だな」

と確認してからお酒を飲むんだ。都会生活では信じられないよね。社会が止まることはない。二四時間稼働しているのが当たり前だと思い込んでいる。でも森はそうじゃない。

社会から孤立する時間がある。

でも、その不自由さがあるから準備を怠らないのかもしれないね。

お父さんがボクにお話をしてくれるの大抵、お酒を飲んで酔った時だ。ソファにボクを呼び、隣に腰掛けて芋焼酎が入ったグラスを傾けながら話すんだ。

「昔の俺はいい加減な人間だった。なんでも適当で中途半端。何かが欠けていても誰かが補填してくれるだろうと人任せだった。でも森での生活はそうはいかない。誰も助けてくれないし、何かあった時のために準備をしておかなきゃならない。人間はさ、何か失敗したり危機を経験したり、反省して次の準備をする。でもね、自然界では失敗は許されないんだ」

その一方でお父さんは逆のことも言うんだ。

失敗したことをラッキーと捉える。

自然界での失敗は下手すれば死に至る。だからこそ、生きているありがたさを実感する。お父さんは言う。

「ふと感じるのは『生きている』ということなんだ。俺は今、生きてるなんて都会暮らしで思うことは少ない。でも、

この森では毎日『生きている』と感じさせてもらえる。

それはすごく大切な感覚だと思う」

そう言い終わるとおかわりの焼酎を作るためにお父さんはソファから立ち上がり冷蔵庫へと向かう。その度にボクは思う。

『飲み過ぎは良くないよ』

13

蛇〜苦手なことの克服

虫も厄介だけれど、お父さんには天敵とも呼べる苦手なものがいる。それは蛇だ。子供の頃は平気だったみたいだけれど、大人になったら動物園に行っても爬虫類館には入れないそう。蛇の画像を見るのも嫌なんだって。

でもね、当たり前だけど森には蛇もいる。北海道にはハブやマムシといった毒蛇は基本的にはいないけど（最近は流通の発達でいるところもあるらしい）アオダイショウ、シマヘビ、カラスヘビというのが生息しているんだ。

カラスヘビというその名の通り黒くて、ジャンプして飛びかかってくるみたい。毒はないから危険は少ないけれど、飛ぶことを知ってお父さんはかなり警戒するようにしているよ。だって嫌いな奴が飛びかかってくる。想像するだけで悲鳴をあげているよ。

お父さんが蛇嫌いなのはその見た目もあるけど、物音を立てないのが嫌らしい。気がつけばすぐ近くにいる。多くの動物は草を揺らしたりしてガサゴソ気配を感じさせるけど、蛇は気がついたら足元にいたりする。それでびっくりするんだって。

森に来た当初は蛇に会うと悲鳴をあげて逃げていたみたい。それでも年間、一〇回くらい蛇と遭遇した経験から、今では驚くものの悲鳴はあげず逃げもしなくなったと言ってる。少し慣れてきたみたい。

それでもいつ会うかは分からない。それに自然の中だから出会わないよう願っても、いるものはいるのだから仕方ないよね。

ずっと嫌いだとも言ってられない。排除することもできない。そこでお父さんは考えたらしい。

嫌いを好きには変えられないけど、排除しない。

マイナスをプラスに捉える工夫。

嫌いだった蛇に出会うことを逆に『幸運なこと』と考えるようにしたんだって。蛇に遭遇したら『良いことがある』そう思うようにしたらしいよ。

世界観を一八〇度変えて考える。

お父さんが言うには、

「蛇は神様の使いとも言われているらしい。弁財天の使いで、弁財天はいろんな芸術の神様で

もあり蓄財の神でもある。だったらその弁財天の使いを蔑ろにはできない。それに蛇は畑を荒らす野ネズミを食べてくれる。姿は気持ち悪いけれど森の味方なんだ。
それに、蛇は脱皮をして成長、傷の治癒をすることから医療、治療、再生のシンボルにもなっている」

ねえねえ知ってた?

救急車に蛇のマークが付いている。

「『スターオブライフ』という六本の柱のマークの中に蛇が描かれている。
迷信だけど、ネズミなどを食べてくれることから農村地域では、アオダイショウは家の守り神とされているそうだ。しかもだ、この赤平の森から歩いていけるところに小さな神社がある。そこには白蛇伝説があるらしい。今は無人の神社だけれど、伝説が描かれた看板が今も残っている。このあたりは蛇がいて当たり前の場所なんだ。というか蛇に守られている場所だ」

そう考えると蛇に出会う度、驚きはするものの「ああ、きっと良いことがある」とポジティ

ブに捉えられるようになったんだって。今でも嫌いなことには変わりないのだけれど、

嫌な気分をエネルギーに転換する術を得た。

何事も捉え方一つで前向きになれるみたい。

嫌いを好きには変えられない。

けど、

邪魔者にはしない。

「考え方が違ったり価値観が違ったりする人は多い。「自分とは違う」と思う人だ。そんな人を好きにはなれない。どちらかといえば嫌いだ。嫌いだから関わり合いたくない。でも状況的には一緒にいなければならないことも多い。例えば職場の上司や部下。学校での同級生や先生。町内会の人。

あの人とは合わない。

そんな人が一人や二人はいる。もっと大勢かも。顔を合わせるだけで嫌だ。だからといって無視したり排除したりすることはできない。だったら嫌いを好きには変えられないのかもしれないけれど、マイナスをプラスと捉える工夫をすれば解決するかもしれない。

違う考え方をする人をただ嫌いになるんじゃなくて、

どうして自分とは違うのだろうか。

そういう目で見ると、実はそういう人こそ、

自分に欠けている部分を持っている。

のかもしれない」

とお父さんは捉えるようになったらしいよ。考え方や感性の違いは、多くの発見を秘めていたりするんだって。

「自分とは考えが違うから、そもそもの視点が違う。自分が気にもかけていなかったことを見つけ出す機会になる。もちろん理解し合えないことの方が多いだろうけれど、それはそれで自分の信念の深さを確信することになってプラスになる」

これも森へ来て分かったことらしいよ。

視野を広くする。

「森での生活は視野だけでなく耳をそばだて嗅覚も研ぎすまし、肌の感覚も敏感にしなければならない」

獣かよ。

「そういう生活の中で、相反するものも受け入れなければ生きていけない」

だから嫌なことと苦手なことにも直面しなければならないんだって。

避けていては生きていけない。

お父さんは言っていたよ。

「俺は大抵の人と合わない。だから昔は嫌いな奴が多かった」

お父さんには心が許せる友達っているのかな？　そんな話を聞いたこともないし友達だという人にも会ったことがない。知り合いは多いけど、お父さんには友達はいないと思う。

「多分、俺が嫌いな以上に俺のことを嫌いだと思ってる人は多い」

そうなんだ。

「昔は天邪鬼で生意気だった。だから大抵、意見は食い違う。だから俺はどこの世界でも面倒くさい奴だったと思う。でも今は少し違う。自分と違う人の考えも一度は受け入れる。そして咀嚼して違えば、違うと捉えるし、違う中に自分の欠点を見出すこともある。それを森で暮らすようになって知ったんだ」

正直、なんのことだかボクにはよく分からないよ。ただ思うのは人間って大変だなってこと。でも、森でお父さんは変わった。まずね、怒らなくなった。というかお父さんが怒っているのをボクは見たことがない。

昔を知る人が森にやってくると大方は、昔のお父さんは怖かったという話。ボクは信じられないけどね。いつもイライラしていたみたいだし、何に対してかは分からないけど焦っていたらしい。

これを読んでいる人は知っていると思うけど、三〇年以上前、お父さんは北海道で芸能プロダクションを作ったんだって。今は御隠居みたいになっているけど、暫く、二〇年？　社長さんだったんだって。設立当時、北海道に本格的な芸能プロダクションなんてなかったし、ましてや芸能人？　と呼ばれるような人はいなかったみたい。それなのに起業したのは当時やっていた劇団をプロにするため。ちゃんと職業として食べていけるように会社を起こしたんだって。今の社長さんと一緒に。今の社長さんのことは多分、ボクは二、三度しかお会いしたことがないから分からない。でも二人で会社を作ったみたいだよ。

その時はね、多くの人にバカにされたみたい。

北海道で芸能プロダクションなんか無理だ。

テレビ局の局長さん。偉い人だよね。言われたそうだよ。

「北海道に芸能プロダクションは必要ない。タレントは東京や大阪から呼ぶ。お前らがいくら頑張ってもニーズは生まれない。お前たちが画面の真ん中に映ることはない。地方では局アナがトップ。冠番組なんか夢のまた夢で、よく見積もっても情報番組のレポーターが関の山だ。無駄なことはするな」

随分とお父さんは悔しい思いをしたみたい。天邪鬼だからそう言われれば言われるほど世の中を変えてやると思ったらしいよ。だから戦い、昔は多くの敵を作ったみたい。それでも戦い続けた。そうすると少しずつだけど加勢してくれる仲間も現れ、北海道にも新しい現象が生まれたんだって。

違う、と思われてもやる。

リスクはあるけどそれをやり続けて今日があるみたい。その経験を踏まえて今は、

違うから戦う、のではなく『違う』を受け入れる。

と考えるようになったんだって。それはね、お父さんがやってきたことに影響されているのかは分からないけれど『地方でもやれる』と思い込んでいる人が多いからなんだって。三〇年前は、やろうとした人がいないところでやったから意味があった。今は地方でもやれる。しかも中央からタレントが地方にも進出してきている。だから逆に、今の地方には魅力がないそうだ。

誰もやってなかったから価値があった。

誰でもやれる現状には魅力はない。

ならば、さらに違うことを探さなければならない。その結論として

融合、結束。

次はそういう時代だと言ってたよ。独自路線に固執して突拍子もないことをやる。YouTubeやネット配信。そこでの多くは誰もやっていないことを狙おうとする。それは反発や反動をも生む。今はもうそれは古いらしい。

三〇年以上も前にそういうことにトライしてきた人だから分かるような気がする。これからは戦いじゃなくて融和らしいよ。そう言われればそうかもしれない。戦うにはみんな凄い武器を手に入れ過ぎた。本気で戦えば悲惨な末路しかないのかもしれないね。

だから、

マイナスをプラスに捉える工夫。

嫌いだったり苦手だったりするものも受け入れることが大切。あのね、ボクは知ってるよ。蛇の抜け殻をラップに包んでお父さんは財布の中に入れている。お金が貯まるという迷信があるみたい。あれだけ嫌いだった蛇なのに。それを財布に入れているなんて矛盾してるしなんかおかしいね。

14

矛盾を受け入れる

ボクはよく分からないけれど、お父さんはいろんな仕事をしてきたらしい。劇団から始まってラジオのパーソナリティやテレビのレポーター。俳優としてドラマに出たり、バラエティ番組では構成作家やタレントとして出演したりもしてるし、映画やドラマの監督もしていた。本も書いていたし音楽でメジャーデビューもしたことがあるみたい。

色々とやってきて自分が何屋さんなのか分からないと言っている。だから会社で『会長』と呼ばれたり現場で『監督』と呼ばれたり、ましてや番組で付けられた愛称『ミスター』と言われるのもどれもしっくり来ないんだって。

昔は、

自分は「中途半端だ」

と思っていたみたい。何事にも秀でたものはなく、それなりにやってはきたものの結果を出していない。

そんな自分に随分とイラついていた。

そんなイライラも今は落ち着いたみたいだよ。お爺ちゃんになったから？　それもあるみたいだけれど、森に来て、

思い通りにならない現実が当たり前と思える。

ようになったみたい。若い頃は大風呂敷を広げてできもしない大きな目標を掲げた。達成できなくても、それに近づくために努力を惜しまなかった。実らずともその努力に満足することもあったそう。満足というか納得するというか。

でも森で生活して、今までの自分の経験を踏まえて思うことは、

若い頃は、努力は報われると思え。

でも、

経験を重ねたら、無駄な努力はしない。

なんだって。真逆？　矛盾してるよね。

『楽をしろ』『怠けろ』ということじゃないみたいだよ。自分の限界、実力を知るということらしい。分かってしまえば、もう無謀なことは考えなくなるし、無駄に時間を費やすこともなくなる。

勇気を持って、自分に失望してみる。

それが大切なんだって。そうは言われても難しいよね。だって人間ってさ、綺麗事を並べるけど、結局は自分のことが一番可愛いじゃん。自分を否定したくないじゃん。間違ったり失敗したりして挫折を味わっても「努力した」「次に頑張ろう」と肯定するでしょう。それはそれで間違いじゃないのだろうけれど、その前に一度、

自己を否定してみる。

文字にすれば簡単だけれど、できないよね。でもね、お父さんが言うには新しい道を切り開きたいのならば自己否定を経験した方がいいんだって。

「思い通りに人生を歩んできた人はどれだけいますか？」

「子供の頃に思い描いた夢は叶いましたか？」

「受験、就職。思い通りになりましたか？」

「会社に入ってからも満足できていますか？」

「大好きだった人との恋愛は成就しましたか？」

「結婚生活は描いていた通りでしょうか？」

「子供は思った通りに育ってくれましたか？」

「ずっと健康でいられましたか？」

「悲しいことはなかったですか？」

「挫折は経験していませんか？」

お父さんはね、数えきれないくらいの挫折をしてきたみたい。


一昔前までは、人生なんとかなると思っていた。

前に進むために必要なのは、自己否定をし、

自己検証をする。己を知るのだ。

らしいよ。

客観的に見ると自分は自分が思っているほど大したことがない。それを知る必要があるみたい。がっかりだね。だって自分は自分が可愛いでしょう？　人間ってそうなんでしょう？　認めたくはないよね。でも自分を疑うことで、本当の自分を知るらしいんだ。それは嫌なことを受け入れることにも通じるね。

当たり前のことだけど欠点が分からないとそれを補えないよね。スポーツだってそうじゃない。監督は自分のチームの弱点を知り、それを補うために戦略を立てたり、選手に練習をさせたりする。自分に対しても同じ。

自分自身の監督にならなきゃダメ。

なんだって。自分自身を変えるには自分に失望して否定することから始まるらしいよ。辛い作業だけれど、それを乗り越えた先に光が見えてくるんだって。

そしてね、考え方も少し違ってくる。それはね、

目標を少し下げてみる。

「叶わぬ夢は描かない。達成できないものは目標として掲げない。延々とそれを繰り返していると消耗するだけの人生になってしまう。自分に失望し自己否定をしてみる。それによって得られる自己検証は己の実力。それぐらいは今までの経験で計り知ることはできるだろう。

相当な大人になってまで、東大に入りたい、アイドルになりたいとは思わないと思う。それと同じように身近な目標についてもよく考えてみる」

三年やってダメならダメ。五年、一〇年ならば問題外。

捉え方を変えてみる。例えば高い山に登りたいとずっと思っていた。その頂上からの景色を夢見てた。でも、その頂上に到達することは無理だと悟った。だとすれば、その山を登るのではなく、その裾野から見える山をいろんな角度から見てみる。見る場所を変えてみよう。見る時間を変えてみよう。山頂からの景色は三六〇度のパノラマとはいえ一つしかない。でも裾野から見える景色は無数にある。そこでの発見。もしかしたら誰も見たことがないものを見つけ出すことができるのかもしれないし、それを知ってもらえれば共感を得られるのかもしれない。

一握りの人間しかなし得ないことを夢見るよりも多くの人に共感してもらえるものを選択する」

それが今のお父さんの考えみたい。

何が豊かなのか？

また酔った時にお父さんが言っていたんだけれど、お金持ちになると選択肢が少なくなってみんな同じになるらしいよ。あ、誤解しないでね。お父さんがお金持ちだということじゃないよ。凄い人たちの話。

凄いお金持ちの人たちは、同じような高級マンションの最上階に住んで、同じような高級外車に乗って、星がいくつもある同じレストランに行くそうだよ。みんな同じような生活スタイルになるんだって。

「乗用車にしても二〇〇〇万円以上の車となれば数が限られる。買う人が限られる。でも三〇〇万円から六〇〇万円くらいの車となれば国産や外車を含めても沢山ある。中古車まで選択肢に入れたらもう無数にある。その中から自分のライフスタイルに合わせて、ファミリーカーなのかアウトドア用なのかスポーツカーなのか、色々と選べる。それは全てのことに言える。ラインナップが豊富。そこで自分に合ったものを選ぶ。

何が幸せなのか？　一般的には金はあればあるほど良いと思うけど選択肢は狭まっていく。画一化されていくのかもしれない。それよりも豊富に選べる環境の方が幸せじゃないかと思う」

森で生活すれば高級時計や高級バッグは必要ない。持ってても汚れちゃうからね。自然の中では明かりもついてくれるし、ぶつけても壊れないGショックが最高だって言ってたもんね。

ちょっと待って、ここまでお父さんの話を伝えてきたけれど大きな問題があるよね。人生に無駄なことはない、と言っておきながら無駄な努力はすべきじゃないと言ってる。じゃあ無駄はあるってことじゃないの？

矛盾は存在する。

それを言っちゃ身も蓋もないじゃない。でもね、このことについてもお父さんは言っていた。

矛盾をなぜ否定するのか？　悪とするのか？

お父さんの座右の銘？　よく分からないけど、いつも思っているのが、

表裏一体。逆も真なり。

なんだって。

「相反するこれは真理であり真理ではない。白があれば黒もある。明があり暗がある。世の中には真逆なことが存在する。その両者がバランスを取って社会は成り立っている。世の中ははっきりと区別はできない。時流や思考によって真理は曲げられる。

昔、ガレリオ・ガリレイは地球が回っていると地動説を唱えた。でも当時は天動説が全てだった。真理は受け入れられなかった。もしかしたら今の真理も後世には真理ではないとされるかもしれない。そういう意味では矛盾は多く存在する。

世の中がそうであるのだから個人の中に矛盾が存在しても不思議じゃない」

とお父さんは言っている。

その矛盾をも受け入れる。

矛盾に対して「違うだろう」と異論を唱えるのは時間の無駄らしい。

世の中、矛盾は当たり前。

と思わなければこの混沌とした世の中をつき進むことはできない、とお父さんは言っている。この世の中は矛盾だらけだと憂いていては先には進めないんだって。矛盾を受け入れて考えることで出発する。矛盾で立ち止まるのは無駄みたいだよ。

今までの話をボクはよく分からないのだけれど、嫌いなものや矛盾という関わりたくないものを受け入れて、自分も否定する。厄介だけどそうすべきなんだって。それはね、

森での生活がそもそも厄介。矛盾だらけ。

だからだそうだよ。その経験からなんだって。

15

ライラックの花

草木が緑を湛え、花を咲かせるのはゴールデンウィーク頃、五月に入ってやっと「春だなあ」と実感する。あ、前にも言ったね。

ドロドロだった地面もタンポポやシロツメクサが彩る。シロツメクサはクローバーとして知られているから、幸運のシンボルとして四つ葉を探したこともあるんじゃないかな。でも、幸せの象徴とも思えるそのクローバー、シロツメクサの花言葉知ってる？　『復讐』なんだって。わあ怖い！　意外だよね。葉の枚数によっても違うらしく、三枚が『愛情、約束』四枚が『幸福』五枚は『財運』六枚は『名誉』七枚は『無限の幸福』八枚は『家内安全』。まだあるよ。九枚は『神の運』そして一〇枚は『完成』なんだって。そんな九枚、一〇枚なんてないよと思われるだろうけど、ギネス世界記録では五六枚。しかも日本で見つけられているらしいよ。ならば九枚一〇枚もあるかもしれないよね。だけど、愛情や約束、幸運に財運の大元にあるのは『復讐』ってのが凄いよね。表裏一体なのかもね。なんか面白いね。

森には大事な木がある。

ライラックといって春になると白や紫の花を咲かせる木だ。ライラックは耐寒性が強くて北海道では有名な木なんだよ。札幌市の木でもあるよ。フランス語では『リラ』と呼ばれて、春先の『寒の戻り』のことを北海道では『リラ冷え』と言うんだ。

ライラックの木が真っ白な石に囲まれて三本植えられている。それはね、樹木葬の木なの。

墓石の代わりに木が植えられているお墓。

そう、今まで亡くなったモカさん（ミニチュアダックスフンド享年一六）、イニエスタちゃん（雑種、年齢不詳）、スアレス（バーニーズマウンテンドッグ享年五）のお墓です。

ライラックの花言葉は「思い出」。

亡くなってしまったけれど、毎年、思い出という白い花を咲かせてくれる。

森でのリーダーはモカさんだった。ミニチュアダックスフンドだからボクよりは随分と体は小さかったけれど年上ということもあって頼り甲斐のある姐《ねえ》さんだった。

普段は温和で、ソファの背もたれの一番高いところに寝そべっていた。いつもは優しくボクらを見守っていてくれるんだけれど、誰かが悪さをしたり調子に乗ったりすると一喝されたんだ。小さいけれど怖かったよ。

モカさんはお父さんが寝ると、よくボクに話しかけてくれた。一年余の期間だけれど、ボクとモカさん、一頭と一匹の時代があったから、ボクはよく話し相手としてお父さんのことを聞かされたんだ。

都会に住んでいた頃のお父さんは、モカさんの散歩をよくサボっていたらしい。一応、散歩には連れていってくれるんだけれど、家の周りをちょろっとだけ歩いてすぐ帰ってくる。全然、運動にはならなかったみたいだよ。モカさんはアスリート犬だったからね。小さい時からアジリティという競技をやっていたんだって。アジリティというのは簡単に言うと障害物競走。家にはいっぱいメダルがあるよ。一度だけだけれど優勝したこともあるみたい。足が短いのに凄いね。だから毎回、物足りなかったみたい。

モカさんはね、お父さんが望んで迎え入れたわけじゃなかったみたい。

たまたま立ち寄ったペットショップにモカさんはいた。当時のお父さんはペットを飼う気は全くなかったそうだ。そんな中、モカさんとの出会い。それは一つの運命だったらしいよ。というのも一緒に行った娘さんとモカさんは誕生日が一緒だったんだ。小学生だった娘さんは誕生日が一緒ということもあり、飼いたいと願ったんだって。でもお父さんは「ダメ」と言った。生き物を飼うのは簡単なことじゃない。容易《たやす》い気持ちで飼ってはいけない、と言って反対したみたい。娘さんの気持ちは収まらないよね、小学生だし。それでも許さなかったらしいけれど、ある日、お父さんが仕事から帰宅するとモカさんがいたんだって（笑）。

それからモカさんとの生活が始まる。

モカさんは言った。

「それから私とお父さんとの数奇な運命が始まったの」

どういうわけか、モカさんはお父さんと一緒の運命を歩むことになった。詳しくは語れないけれど、お父さんの家族との別居、離婚。それによりお父さんとの森での生活が始まるんだ。でもね、ボクにしてみればモカさんがいたからボクも森に来れたんだよ。モカさんみたいな小型犬は森では危険なんだ。キツネや鹿、ワシにトンビ、熊までいる。そこでお父さんはモカさんを守る存在、大型犬が必要だと考えたみたい。それで出会ったのがボクなんだ。だからボクはモカさんがいなければ森には来ていなかったと思う。

モカさんにはすごく感謝しているよ。

ある日、モカさんがボクに語りかけてきた。あの日のことは忘れない。

「ねえ、寝た？」

ボクは応えた。

「寝てないよ」

「ネイマールくん、お話ししていい？」

「いいよ、モカさん」

「君がまだここに来ていない頃、というかまだ生まれていなかったね。昔はね、森に来てもお父さんはいつもイライラしてたんだよ」

「どうして？」

「理想と現実？　思う通りにならないことばかりで、いつも怒ってたの」

「そうなの？　今のお父さんは優しいよ」

「昔は違ったのよ。自分で描いた理想に近づこうと懸命だったけど、森はね、人間の想像を遥かに超えた予想外の世界でしょう」

「みたいだね」

「だから思い通りにならないと、イライラして怒ってた」

「そうなんだ」

「でもね、ある時に私に言ったの。

思い通りにならないことは当たり前なんだ。

って。人間ってね、思い通りにする、という強い思い込みがあるみたいだけれど、大抵はそうはならないの。それを分かってないのが人間なんだよね」

「よく分からないな」

「ネイマールくんはまだ若いからね。私はずっとお父さんと生活しているけど、私はワンとかキャンとか吠えたり、尻尾をブンブン振ったりして気持ちを伝えるけど伝えたいことの半分も伝わらない。人間の勝手な思い込みで受け取られて本当のことはなかなか伝わらないんだ。人間より私たち、犬の方が思い通りにならないことを知ってるよね」

「うん、そうかもしれない」

「だからね、お父さんがイライラしても怒っても我慢してあげて。そういうのを
『受け止めてあげるのが私たちペットの役目なんだよ。私たちこそ一番、思いが伝わらないことを知っている』
んだからね」

「どうしてそんなことをボクに言うの」

「それはね、もう少ししたら君が犬のリーダーになるからだよ」

「モカさんがいるでしょう」

「もう少ししたら、私は虹の橋に行かなきゃならない」

「虹の橋？」

「次の世界だよ」

「え？　モカさん死んじゃうの」

「まだ先だけどね。私たちの寿命は人間よりも短いよね。飼い主よりも確実に先に死んじゃう。だから飼い主に寄り添って、人間のイライラを取り去るようにしてあげよう。ネイマールくん、私がいなくなってもお父さんのそばにあなたがいてあげてね」

「……分かったよ、モカさん」


そう言ってくれたモカさんは、二〇二〇年に虹の橋に旅立っていきました。一六歳。平均寿命を超えた立派な犬人生でした。

あれから毎年、モカさんのライラックの木は春になると真っ白い綺麗な花を咲かせます。それを眺めながらお父さんは微笑み、

「モカ、ありがとう」

と言っているのをボクは知っている。

16

保護犬

今回はイニエスタ、通称イニーちゃんのことをお伝えしますね。イニーちゃんは迷子犬だったの。しかもそれを見つけたのはお父さん本人だったんだ。お買い物に行ったスーパーマーケットの帰り、車道をトコトコと歩いている黒い小さな犬を見つけたんだって。それがイニーちゃん。

どこかから逃げてきたのかな？　歩道を歩いていたんだって。一度は車で通り過ぎたんだけれど気になってお父さんは戻った。

赤い首輪をしていたから飼い犬であることには間違いない。どういう経緯で逃げ出したのかは分からないけれど飼い主は心配しているだろう。自分の家の犬がいなくなったらそりゃあ心配する。そうお父さんは思ったんだって。

それで車から降りて捕獲しようと「おいでおいで」と呼んだ。でも警戒して近づいてはこない。そこで買い物袋から買ってきたソーセージを手にして誘《おび》き寄せて捕まえたみたい。

赤平という町には保健所もないし、どこに届ければ良いのかも分からなかったので市役所に行って、イニーちゃんを預けた。

これで一件落着とお父さんは思ったみたい。市役所か警察に届けを出した飼い主がすぐに現れる。そう思ったらしいよ。

次の日、市役所に連絡を入れてみたら、隣町の保健所にイニーちゃんは移動したと教えてもらったんだって。それが正しい手続きらしいので、そのことを疑問には思わなかったらしいけど、二四時間経っても飼い主が現れないということには「おかしいな？」と思ったらしい。

自分が捕獲したということもあって随分とイニーちゃんのことが気になったみたい。

翌日、お父さんはイニーちゃんに会いに、隣町の保健所に行ったんだって。保健所の方に自分が捕獲した者だと伝え、飼い主からの問い合わせはないのかと訊ねた。残念なことに迷い犬の問い合わせはないと。

もしももしもだけれど、このまま飼い主が現れないとイニーちゃんはどうなるのかと聞くと、
「ホームページに迷い犬として掲載し、二週間はここで預かります。その後はNPO法人などに引き受けてもらうか、最悪の場合は処分となる可能性もあると思います」
と係の方は答えたらしい。

お父さんは相当ショックだったみたい。自分が捕まえた犬が殺されてしまうかもしれないんだ。だったら捕まえなかった方が良かったのかもしれない。自分はなんと余計なことをしてしまったのだろう。そう思ったみたい。

さらに係の方から「会いますか？」と言って連れていかれた場所は、無機質なコンクリート

に囲まれた狭い小屋だったそう。窓も小さく、その中に四つ鉄柵に囲まれた空間があったそうで、それはまるで刑務所みたいだったと言っていた。

ちゃんとご飯は与えられ散歩もしてもらっていたみたいだけれど、なんだかやるせなかったらしいよ。

保健所から帰ってきて、飼い主を見つけるためにお父さんは自分のＳＮＳで告知した。さらにはポスターを作って自らいろんなところにお願いに行ったそうだよ。市役所、駅、郵便局、銀行、スーパーマーケット、コンビニ、動物病院に飲食店。赤平だけじゃなく隣町のスナックとかにもポスターを貼ってもらったそうだ。

少しずつイニーちゃんに関する情報が寄せられた。

「一ヶ月前、小学校の前にいた」

「二ヶ月前、○○建設の駐車場で見た」

「三ヶ月前、神社近くの道を歩いていた」

分かったことは三ヶ月前から、この町を徘徊していたということ。多くの目撃はあったけれど飼い主に繋がる情報はなかった。

イニエスタちゃんは特徴のある犬だったよ。雑種だけれど黒い体に目と口の周りが白くて逆パンダみたいな顔をしていた。一度見たら忘れないと思う。飼い主本人じゃなくても「あの人の犬じゃないかな」と情報が出てくるのをお父さんは期待していたみたいだけれど一切ない。

お父さんは最悪だと思った。

あの子は、このあたりの子じゃない。
遠くから来て、ここで捨てられた子なのかもしれない。

初めはすぐに飼い主が見つかると思っていたらしいけれど、目撃情報はいくつかあったものの飼い主に関する情報は一切出てこない。誰も飼い主のことは知らない。となれば、あの子は、この辺にいた子ではない。後で知ったそうだけどイニーちゃんはかなりの老犬だったそうだ。ボクたち犬は帰巣本能で何百キロと離れた家に帰ってきたという話もあるそうだ。アメリカでは子犬が四八〇〇キロ離れた場所から帰ってきたという事例もあるんだって。イニーちゃんは家に帰ってきたわけじゃない。老犬が家から逃げ出したとしても何百キロ、いや数十キロも離れた場所までやってこれるのだろうか？

老犬であること。

この町で三ヶ月前から目撃されていたこと。

多分、何者かにこの町に連れてこられ捨てられたのだろう。その何者とは考えたくはないけれど飼い主だよね。どのような事情があったのかは知らないけれど、捨てるなんてボクは信じられない。

保健所での保護期間が迫り、イニーちゃんを引き取ることをお父さんは決めた。

「もう大丈夫。これからは僕が君のお父さんだよ」

まずは健康診断をしなければと思ったお父さんは、赤平の動物病院でイニーちゃんを診てもらったそうだ。若干、衰弱はしていたものの病気は見つからなかったそうだ。年齢は推定で八歳程度。もしかしたらもっと老犬であるかもしれないと言われた。多分そうだったんだと思う。

家に来てイニーちゃんはお風呂に入れられたそうだ。全身を黒い毛で覆われているから分からなかったけどシャワーを掛けると茶色い泥水が流れ出たんだって。三ヶ月間、外を彷徨《さまよ》っていたのだから体は泥だらけですごく汚れていた。シャンプーをしている時、イニーちゃんはまだお父さんを信用してはおらず、ずっと歯を剥き出して**「ウ～」**と唸っていたそうだ。噛まれるかもしれないとお父さんはビクビクだったみたい。

森での生活に慣れてもらおうとお父さんは懸命にイニーちゃんの閉ざされた心を開こうとした。簡単にはいかない。近づくだけで歯を剥き出す。「ウ〜」と唸り敵意を剥き出す。何度もお父さんは腕を噛まれたらしい。捨てられたのだから人間を恨んでいたに違いない。唸られても噛まれてもお父さんは言い続けたんだって。

大丈夫だよ。ここが君の家だ。

それでもイニーちゃんは心を開かなかったんだ。唸られ噛まれる日々が続いた。

諦めない。

そうお父さんは思って接したそうだ。

ペットは飼い主を選べない。最初は『可愛い』と迎えてくれる。でもペットを飼うのは簡単ではないよ。散歩もしなければならない。排泄物の処理もしなければならない。エサ代、ワクチン注射や病院代。費用も嵩《かさ》む。ましてや言葉が通じないのだから分かり合えないことも多いんだ。夜中に吠えまくったり、家具や壁を壊したりもする。叱られても意味が分からないから

吠え続ける。『可愛い』存在が『ウザく』思われてしまうこともある。

お父さんは言う。

ペットを飼うことで重要なのは飼い主がどれだけ我慢できるかだ。

我慢って。ボクとしたらちょっと心外だな。

いつものご飯の時間。この時間が最高にボクは嬉しい。尻尾をブンブン振っちゃう。イニーちゃんはこの至福の時も歯を剝き出して唸ってお父さんをずっと威嚇していた。ボクたちとは少し離れたところにイニーちゃんはいた。柵越しにボクは毎日、

「大丈夫だよ。お父さんは優しいし、ご飯は美味しいよ」

と言ったけれどボクのこともずっと信用していないみたいだった。

イニーちゃんが来て一週間経った朝。

その日は違ったんだ。お父さんを見るとボクみたいに尻尾を振ってイニーちゃんは待っていたんだ。ご飯を手にしたお父さんは、

「おいで」

と屈んで手招いた。するとイニーちゃんがトコトコと歩いて近づいてくる。自らお父さんに近づいてきたのはこれが初めて。ご飯を食べている時に頭を撫でても唸らない。この時からイニーちゃんは歯を剥き出したりお父さんを噛んだりはしなくなった。とはいってもボクみたいにいつも尻尾をブンブン振って愛想を振り撒くわけではないけどね。ボクらがソファでお父さんと戯《たわむ》れ合っている時も彼女は離れた場所に寝そべり見ているだけで近づこうとはしない。イニーちゃんが来た半年後には、トイプードルのマラドーナが我が家の仲間入りをしたんだけれどもいつも喧嘩をしていた。マラドーナは子犬だったのでいつもはしゃいでいた。そのターゲットがイニーちゃんだったけど、本当に嫌がっていた。まあ、その頃のマラドーナはガキンチョでボクもウザいと思っていたからね。ボクはイニーちゃんとは仲良くできたよ。ボクの鼻の匂いをクンクンと嗅いだりしてくれた。時間はかかったけれどイニーちゃんも家族になってくれたんだ。

でも、家に来てから一年も経たない十一ヶ月でイニーちゃんは虹の橋に行ってしまった。体調を崩して三日目。肝不全で息を引き取った。病院ではもしかしたらかなりの老犬かもしれな

いと言われていたけど、そう言われればイニーちゃんが走っている姿を見たことがない。いつもトコトコと歩いていた。駆け出すことは一度もなかった。トコトコ、トコトコ、静かに歩くそれがイニーちゃんだった。

短い間だったけれど、イニーちゃんを迎えたことでお父さんは飼い主として多くのことを考えるようになったみたいだよ。

今、飼育放棄が多いみたいだね。『可愛い』とペットを迎えても飼い続けることができないとペットを手放す人が多いみたい。その手放された犬猫たちは、次に迎えてくれる飼い主に巡り逢えればいいけれど、そうではないと最悪の末路を辿るんだよね。そのことを多くの人に考えてもらいたいとお父さんは言っている。

ペットはペットではなく家族として迎える。

言葉が通じないから、人間以上に手が掛かると覚悟する。

それぐらいじゃないとボクたちとは一緒にいられないのかもしれないね。

もう一つ、お話ししたいことがあるってお父さんが言っている。それはメルさんのこと。

17

老犬介護

イニーちゃんと同様にボクらとはちょっと違うワンちゃんがいたんだ。メルシーさん。アイリッシュセッターという犬種でボクらよりも年上のおばあちゃん。縁あって数年前から鈴井家に仲間入りしてからボクらと一緒に暮らしていた。そのメルさんも昨年、虹の橋に行ってしまったんだ。一五歳六ヶ月。大型犬だから人間で考えると一〇〇歳を超えていたんだって。

そのメルさんは一年半前、一四歳を超えた頃から体調を壊し始め、老犬だから認知症も始まったんだ。

メルさんはとても行儀がよかった。トイレも決められた場所でちゃんとできていたし粗相をすることはなかったよ。ボクでもたまにペットシーツからはみ出してオシッコをしてしまって怒られることがあるけど、メルさんはそんなことはなかった。でもね、認知症になってからは毎日、糞尿を撒き散らすようになったんだ。

だからお家の中でも、ボクたちとは別の場所。仕切られたエリアにいるようになったんだけれど、毎日そこが汚れまみれになってしまうようになったんだ。朝には糞や尿が撒き散らされている。夜中にそれを踏んで歩き回ったから床に足跡ではなく糞跡がつけられている。

朝起きると真っ先にお父さんはメルさんがいるエリアの大掃除を毎日していた。床にへばりついたウンコの掃除だ。犬とはいえども大型犬だからウンコの量は人間と変わりない。それがそこら中に踏み散らかされているんだ。

朝から大変だ。暫く経ってオシメをされるようになったみたいだけれど、それでもオシメからはみ出てウンコを撒き散らしていたみたい。

病気だから仕方がない。

とはいえ朝から滅入ってしまうとお父さんは嘆いていた。

傍から見ていたボクはメルさんが不憫だった。掃除をするお父さんをメルさんは申し訳なさそうに見ている。朝っぱらからということもありお父さんは不機嫌だ。直接手にウンコがついてしまった時はやり場のない怒りを「あああ！」という絶叫で晴らしていた。

その後、メルさんは足腰も弱くなったんだ。赤平のお家も札幌のお家もボクたち犬が生活するのは二階なんだ。だから階段を上り下りしなければならない。足腰の弱くなったメルさんはそこの行き来ができなくなった。お父さんはメルさんを抱き抱えて階段を上る。痩せたとはいえ体重は二十数キロある。重いと思うよ。運動をさせるために外にも出すから、一日に何度もメルさんを抱えてお父さんは階段を上り下りする。

亡くなる半年前からは立ち上がることもままならなくなり、ほぼ寝たきりの生活になってしまった。抜け毛も多くなった。メルさんはズングリのボクらとは違ってスマートで毛並みも艶やかだったけれど、日に日に輝きが失《う》せていくように見えた。

そして亡くなるひと月前からは肝不全を発症したんだって。毎日五〇〇ミリリットルの点滴

を打たれていた。毎日毎日、メルさんを抱き抱えてお父さんは階段を下りていく。車に乗せて病院へ行くんだ。毎日、点滴を打たなくちゃならない。たまたま一週間は赤平にいることができたから良かったのだけれど、仕事でどうしても札幌に行かなくちゃならない。札幌の病院にも毎日通うのか？

赤平の先生に相談したら「自宅で打てるようにしましょう」ということになったみたい。皮下注射の点滴は自宅でも打てるんだって。ちゃんとレクチャーを受けて自宅でやることにしたらしい。

まずは輸液材を人肌に温める。電子レンジで一〇秒。輸液材を高い位置に吊るして針と管を繋げる。空気が入らないように針から少量の液を出す。刺す位置は首のちょっと下の背中。そこを消毒剤で丁寧に拭く。皮膚を摘み上げて斜め四五度の位置から針を刺す。そして輸液材を流し込む。

お父さんも最初は随分と怖かったみたい。

でも思ったんだって。

やらなければならないのなら、躊躇しちゃダメだ。

おっかなびっくりじゃなくズブッと刺す。

時間は一〇分くらいかな。点滴を終えて針を抜く時に上手じゃないと出血があったりするらしいけれど、「それはなかったな」と自慢げにお父さんは話してくれた。

毎日毎日、糞尿の掃除。点滴を打つ。脚力が弱らないようにと起こして、お腹を支えながら少しだけ歩かせたりしていたよ。

それはね、

「病気は治る。治った時に足が弱ってたら外で遊べないだろう」

お父さんはメルさんがまたボクたちと一緒に走り回ることを疑ってなかったみたい。アイリッシュセッターは平均寿命が一二歳。でもね、ギネス世界記録では三〇歳を超える犬がいるらしいよ。しかも今（二〇二三年二月現在）も生きているんだって。

「メルはね、ギネス記録を超えるんだ。もちろんネイマール、お前もだよ」

そうお父さんは言っていた。

でも、二〇二二年十二月九日深夜。メルさんは森の家で息を引き取った。今までイニエスタ（雑種）、モカ（ミニチュアダックスフンド）、スアレス（バーニーズマウンテンドッグ）はみんな病院で亡くなった。だから息を引き取る瞬間を見るのはメルさんが初めてだったんだ。ギネス記録は無理でも「春を迎えようね」とお父さんはよく言っていた。メルさんが亡くなったのは冬だった。

「また冬か」

冬はモカさんとスアレスが亡くなっているから嫌だったみたい。

メルさんの介護は口には出さなかったけれど、相当大変だったみたい。でもね「勉強した」とお父さんは言っていた。

「メルは他の子とは馴染めない子だった。最後の最後まで面倒をかけた。でもそれは、犬を飼うことの最悪の事態を勉強させてくれたんだ。メルの体重は二〇キロちょっと。でもネイマールやタケフサは三五キロある。モドリッチなんて五〇キロを超えている。その子たちが動けなくなった時の覚悟はできているの？　お父さんももう還暦を超えてお爺ちゃんなんだよ。大丈夫なの？　とこれから先のことの予行演習をしてくれたんだと思う」

多分、メルさんはお父さんにこう言ったのだとボクは思う。

「犬を飼うことは可愛い可愛いだけじゃないのよ。あなたの愛するネイマールくん、マラドーナくん、モドリッチくん、タケフサくんが私みたいになった時のことをしっかりと考えてね。私はね初めからあなたの子じゃなかったから、なかなか打ち解けられなかった。あなたも他の子にはすごく愛情を注いでいたけれど、私は吠えたり拗《す》ねたり可愛くはなかったよね。でも、いつもあなたの後ろにいたのは分かっていた？ 他の子みたいにブンブン尻尾を振ってはいなかったけれど、あなたといて私は幸せでした。だって長生きできたもの。それに最後まで毎日、私が元気になることを願って点滴を打ってくれたし、嫌な顔はしていたけれど私が撒き散らしたウンチやオシッコを『仕方ない』と言って片付けてくれた。ありがとう。あのね、犬は死んだら虹の橋を渡るというけど知っている？虹の橋を渡ったその先でご主人様を待っているんだよ。モカちゃん、スアレスちゃん、イニエスタちゃん、そして私。あなたと会えるのを虹の橋に行って待っているね。でもすぐじゃなくていいから。お父さんは長生きしてね。ありがとう」

お父さんが初めて犬を飼ったのは小学一年生の時なんだって。近所で飼っていた犬に子犬が

生まれたらしい。五〇年以上も前のこと。今とは違ってその頃、犬はほとんど外で飼われていたそうだよ。ボクとしては信じられないね。北海道で年中外だなんて犬でも無理だよ。柵で囲われたところに五匹の子犬がいたんだって。それが可愛くて可愛くて、子供だったお父さんは毎日見に行ったみたい。見れば見るほど欲しくて欲しくてたまらなくなった。

飼い主さんにお願いして一匹、譲り受けることができたんだって。中でも毛がフサフサの子。飼い主さんはその子は残しておきたいと思っていたそうだけれど、お父さんは頑なにその子じゃなきゃダメと言い張ってもらったそうだ。

ボクたちもそうだけれど、犬に対してお父さんは『出会い』という言葉を使う。それは何か『運命』を感じるんだって。誰でもいいわけじゃない。だからね、秋田犬のタケフサなんてまさしくそうなんだ。お父さんは犬が好きだけれど、タケフサに出会うまで和犬には興味がなかったんだ。でもタケフサは違った。『運命』を感じたんだって。長毛で秋田犬としては価値がないとされているけれどそんなことは関係がない。「この子だ！」と感じるものがあるそうだ。ボクを含め、みんなそうだったらしい。

五〇年前にもらってきた子。その子は白いスピッツ系の雑種だったんだって。一二月二四日にもらってきたので男の子だったけれど『イブ』と名付けられたんだって。

名前に重きは置いていないとお父さんは言う。だって女の子だったのにバーニーズマウンテンドッグはスアレスだったものね。サッカー選手のスアレスが由来だけど、ウルグアイ代表でゴツくて、プレー中、相手に噛みついて『噛みつきスアレス』と呼ばれていた。女の子で『噛みつきスアレス』はどうだろうとボクは思ったけれど、名前通り子犬の頃はよく噛みついていたね。

イブさんは一〇年生きたそうだ。お父さんが高校一年生の時、夜に元気がなくなりお家の中で看病していると深夜に息を引き取ったらしい。随分と悲しかったらしく、それがトラウマとなって生き物を飼うことはずっとお父さんは避けていたらしい。突然の別れが悲し過ぎたみたい。

だから、モカさんを受け入れる時、お父さんは随分と反対したらしい。イブさんのことが蘇ってお父さんは頑なに反対したらしい。その時のお父さんは分からなかったのかもしれないけれど、モカさんと誕生日が同じだった娘さんは、きっと『運命』を感じたんだろうね。今のお父さんには分かるのかも？

運命はある。

ただし後付けだ。

ちゃんとした結果を導き出せたなら、もしくはそういう軌道に乗れば『運命』であったと言えるのかもしれないね。お父さんが言うには、恋愛とかで、うん？　恋愛？　ボクにはよく分からないけどね、恋に落ちた時に人間は「運命だ」と思うらしい。でも別れた時には、その別れも『運命』だったと思うみたい。あれ？　どういうこと？　結局は、その結果を全て『運命』としているの？　あれ？

運命は自分の都合次第。

運命という名の言い訳。

だとすると、

運命もまた自分自身でどうとでもできる！　良くも悪くも。

十二月。すでに森は雪に覆われていた。お父さんは重機を使って雪を掻き、その下にある土を掘った。メルさんの安住の地を作るためだ。ここは森だからキツネやタヌキが掘り返す可能性があるので埋葬は深く掘らなければならないんだって。お父さんの身長くらい掘ったそうだ。そこにメルさんを横たえる。そしてスコップで土をかけていく。この時が一番嫌なんだって。

「さようなら。土の中は暖かいよ」

と言って土を被せていく。

作業を終え、お父さんは呟いたそうだ。

「春になったら立派なライラックの木を植えなきゃな」

四本目のライラック。ライラックの花言葉は『思い出』。

犬との別れは悲しくて悲しくてやり切れないと思うけど、それ以上に生きていた間の楽しく幸せな『思い出』があるでしょう。

そして二〇二三年、春、四本目のライラックが植えられた。

「メルさん、ありがとう」

18

森で溢れる想像力

雪が溶けて春を迎えるとお父さんは、

「今年は薪小屋を作ろう」

「畑も拡張するぞ」

「レンガでバーベキュー台も作ろうか」

「そうだ、サバイバルゲームのフィールドも作らなきゃ」

といろんなことを言い始める。

森は広いし近所を気にする必要もないし、やろうと思えばなんでも作れちゃうんだ。

実際に今まで、

「せっかく広いんだからサッカー場を作っちゃえ」

と言い出してサッカー場を作っちゃった。

「うちの森にはサッカー場があるんですよ」って言いたかったらしいよ。それを聞いた人はみんな驚いて笑うらしい。そういうのがお父さんは好きみたい。

サッカー場なのに実際はサッカーで使うことは滅多にないみたいだけれど、人工芝の張られた広い空間はボクらが駆け回る最高の遊び場なんだ。だから今ではサッカー場というよりはドッグランだね。ボクらはその方が嬉しいけどね。

根っからの天邪鬼なお父さんは、森や北国には相応しくないものを今まで作ってきた。「なにそれ？」っていうやつ。

一つ目は『砂浜』。

「はあ？」と思うよね。

森の中に『ビーチ』があったら面白いじゃん。

ということで計画を練ったんだって。

前に水の話をしたよね。沢水を濾過する。沢水は常に流れてくるから貯水タンクに溜まる一定量を超えると、外に排出されていくんだって。それが小川となって本来の沢に戻る仕組みだったんだ。その排出される水を貯めてビーチを作ろうと考えたみたい。

小川の途中に水溜りを作る。広さは八畳間程度の小さなもの。池だね。そこに砂を敷き詰める。『砂浜』といっても足をパチャパチャできるくらいのものだ。温泉でいうならば足湯だね。そんなものを作ろうと考えた。

でもそれがことのほか大工事だったみたいだよ。

自前のユンボで掘削。今ある小川の横に新しい水路を作る。地面に水が浸透しないように必要がなくなった衣類を敷き詰め、その上に防水シートを敷いていく。川幅五〇センチ程度の細い水路だけど長さは七〇メートルくらいある。大変そうだったよ。来る日も来る日も日が暮れるまで作業していた。

水路には白い石を敷き詰める。そして水溜り。そこが『砂浜』だ。

白い綺麗な砂を敷き詰める。一〇キロ詰めの白い砂が森へ大量に届く。一度にドーンだと配送業者さんが嫌がるだろうと数回に分けてネット注文したらしいけれど、毎回二〇袋。重量にすると二〇〇キロ。田舎だから同じ業者、同じ配送員の方だろうから、

「またかよ」

と結局、嫌がられたに違いないとボクは思うよ。それを敷き詰めなんとか完成？　させたみたいだけど、お父さんの顔は曇っていたんだ。傾斜地であることの計算を間違ったらしく時間が経つと砂が一方に偏ってしまう。それに森の中だから木の葉や風に舞った土が白い砂を汚してしまう。野鳥や野生動物が水場だと思い頻繁に来ているらしく糞や尿で汚す。綺麗だったのは最初だけですぐに汚れてしまったそうだ。ボクも二、三回水遊びをさせてもらったけれど、早々に取り壊され元の土に戻された。

土の中に埋められた相当数の衣類は泥まみれのまま森の片隅に追いやられ土に還る日を待っている。

二つ目は『南国館』。

これまた「はてな？」ですよね。

お父さんが言っていたのは、

北海道でマンゴーやバナナ、パイナップルを栽培したら面白いじゃん。

また『面白い』と言った。しかも語尾は「じゃん」。お父さんがこの「じゃん」と言って成功した例《ためし》がない。

北海道でもマンゴー栽培をしているところがあるらしく、その施設を見学して「これだ！」と思ったらしい。そこは自治体と大手企業がタッグを組んで作ったものみたいで、そもそもが違うよ。素人が手を出しちゃいけない。

なのにお父さんは冬でも大丈夫なようにビニールハウスを作った。もちろんお父さんがＤＩＹで作ったんじゃなくて業者さんに施工してもらった。ビニールハウスといっても軽鉄骨のフレームで作られた本格的なものなの。長さ一二メートル。幅は六メートル。それなりに立派な

ものなんだ。そこに木枠の壇を作って大量の土を入れた。この時の土は近所のホームセンターへ何度も通い敷き詰めたらしい。さらには広いからビニールハウスの中に冬でもパーティができるようにと考え調子に乗ってウッドデッキまで作ったみたい。これはＤＩＹ。その冬のために大型の業務用灯油ストーブも設置したらしいよ。ボクも見たけれど大きい。ストーブとはいっても業務用だから高さはお父さんの背よりも高い。凄いやつ。

お得意のネットでマンゴー、バナナ、パイナップル、温州みかんの苗を手に入れ植えたんだって。遊びに来た人には、

「ここは南国館です」

と得意気に言っていた。苗を植えてまだ半年だったからマンゴーやみかんはその実を結んではいなかったけれど、パイナップルは気持ちよく育っていたみたいだよ。

そして悲しいことは冬に起こった。お父さんは常に森にいるわけではない。仕事で札幌や東京に行くことも多い。森を留守にすることも当然あるよね。それでも『南国館』は大型の灯油ストーブが室温を検知して外気温がマイナス二〇度でも室内はプラス二〇度に保つように設定されていたらしい。でもストーブは消えてしまったんだ。

それは停電。北国では珍しくはないことだけど、落雪などで電線が切れて停電になることがある。それが起きたんだ。留守にしている間に電気が止まった。すぐに復旧はしたらしいけど、一度オフになったストーブはそのまま三日間停止したままになっていたみたい。常にプラス二

〇度に設定していたけど、ストーブは起動せず、寒気はビニールを突き抜け、室内はマイナスの世界になってしまった。南国育ちのみなさんはマイナス気温など体験したこともないしDNAにも組み込まれていないでしょう。たったの三日間で枯れ果ててしまった。全滅だったらしい。

熟したマンゴーの実を待ち望み、満面の笑みを湛えようとしたお父さんの計画はあっけなく砕け散った。

今は壇になった土も排出されウッドデッキも取り壊されて倉庫になっている。大きな灯油ストーブはその能力を発揮できないままマイナス気温の中、スイッチも入れられないまま凍えているそうだ。

三つ目は『ゴルフ場』。

サッカー場に飽き足らず、

『ゴルフ場』もあったら面白いじゃん。

とまた「じゃん」という語尾でテンション高くお父さんは話してくれた。サッカー場の横にグ

リーンを作る。これは自作みたい。人工芝を得意のネットで手に入れコツコツと作り始めたんだ。『ゴルフ場』とはいえワンホール。一つだけ。しかもショートホールなんだって。また悪い癖で、

「うちではゴルフもできますよ」

と言いたかったらしい。直線距離にして一五〇メートルくらい。ティーグラウンドもユンボで土盛りをして作ったそうだ。途中、池やバンカーならぬ畑があり、それを越えてグリーンオンしなければならない。

作ってはみたものの、そもそもお父さんはゴルフをやらない。一度だけコースに出たことがあるそうだ。当時、社長という役職で仕事としてゴルフをやって欲しいと会社から要望があったんだって。渋々ながらもやるからにはちゃんとやろうとレッスンに三ヶ月通ったみたい。それでコースデビュー。スコアは一二〇。初めてとしては上々らしく、一緒に回った人たちに随分と持ち上げられてしまった。それが逆効果。お父さんは天邪鬼だ。

「一〇〇を切るのもすぐじゃないですか」

「ゴルフに向いてますよ」

そのヨイショが嫌で、それっきりになったみたい。

だから森にコースを作っても熱が入らない。結局、ゴルフコースは一度も使われず『邪魔』という悲しい理由で撤去という運命を辿ったとさ。

お父さんは森で何度も失敗を繰り返している。

思いつきで動いちゃダメだ。

本当に必要かどうかを吟味する。

衝動はエネルギーが大きい分、反動も大きい。

その反面、

失敗はするに越したことはない。

失敗した分、成功への精度が高まる。

矛盾しているけど経験からそう思えるんだって。

成功者はどれだけ失敗したかを知っている。

お父さんは自分を成功者だとは思っていないけれど、成功するには失敗をしっかりと受け止める必要があるんだって。多くは失敗を『なかったもの』にしたいから忘れようとするけど、忘れずに、

自己の弱点に向き合う。

それが『成せる道』へと導いてくれるらしい。まあ、ボクは犬だから何が何だか分からないけれど、そうらしいよ。

森では沢山の失敗をしてきたし、これからもするだろうとお父さんは言っている。でもそれができる環境って恵まれているんだって。よくは分からないけれど人間は失敗が許されない、特に今の時代は『確実』を重視されて『冒険』ができないみたいだね。

でもさ、ボクは思うんだ。どうせみんないつかは死ぬんだから今を守るのではなく『冒険』してみれば？　失敗したら自分の弱点が分かるんだよ。『冒険』もせずにいたら弱点も見つけられない。何も成長しないまま人生を終えることになるんじゃないの？　そんなのつまらない

と思うな。

あ、犬には言われたくないって？　犬の分際でごめんなさい。

でも犬を犬って下に見ている時点でどうなのかな？　順列をつけている。それは何が基準なんだろう。まあいいけど。

『あなたはどう自分を評価しているのかな？』

ごめんなさい。犬の分際で生意気なことを言って（笑）。

19

網膜剥離

事件です。

この本を作っている最中、お父さんの目が見えなくなってしまったんです。ついこの前のことです。札幌のショッピングモールに行った時のこと。中にあるペットショップへ、ボクたちの新しい歯ブラシを買いにいった時に目の中に黒い点々がいくつも見えたんだって。最初は大したことはないのかな？　と思っていたらしいけれど、車の運転をしていると段々と目が霞《かす》んできた。歳も歳だし、そんなこともあろうかと初めは軽く考えていたみたい。でも翌朝にも目の霞は良くならず、霞むというよりも左目の視界の三分の一程度が見えなくなっていた。

これはまずいなと思ったらしく札幌のお家の近くの眼科へと向かったんだ。

そこでの診断は『網膜剥離』。

網膜剥離ってボクサーとかで聞くよね。誰かに殴られた覚えもないし喧嘩した覚えもない。もう若くないからそんなことするわけもないよね。

診断された時はまだ心当たりがなかったらしい。

お医者さんには五〇歳を過ぎたら外圧ではなくとも加齢で網膜剥離になることはある、珍しいケースではないと言われたみたい。

手術をしなければ治らない。手術をしてから二週間ぐらいはうつ伏せ状態で安静にしなくてはならない。網膜を安定させるために眼球の中にガスを注入する。それが抜けるのに二週間くらいかかるって言われたそうだ。

お父さんは仕事のスケジュールを確認して、一〇日後ぐらいなら手術ができるとお医者さんに答えたけれど言われたのは、

「そういう話じゃなくてすぐに手術が必要です」

すぐ？

「このままにしておけば一週間ぐらいで失明します」

失明!?

その日のうちに紹介された大学病院で手術をすることになったんだって。しかも最低でも一週間の入院が必要と言われたので、自宅に戻るとお父さんは着替えなど身の回りのものを急い

でスーツケースに入れて病院へ向かったんだ。会社からはマネージャーさんも来て大事になったみたいだよ。

家を出る時、ボクらに向かってお父さんは「いい子にしてるんだよ」と言ったけど不安げな表情だったのをボクは覚えているよ。

お医者さんからの説明では、硝子体《しょうしたい》手術というもので、白目に三、四ヶ所穴を開けて細い器具を入れて操作する手術らしい。もちろん麻酔はするだろうけれど目に穴を開けるというのは聞くだけで怖いよね。お医者さんは何度も口にしている表現だろうけれど初めて聞くお父さんは背筋がゾクゾクとしたらしいよ。手術の時間は一時間半程度と言われたらしい。

「なんの心配もいりません。一般的には網膜復位の成功率は九〇パーセントですがこの大学病院の成功率は九五パーセントです」

お父さんは口には出さなかったけれど、

「五パーセント失敗してるやん！」

と道産子なのに関西弁でサイレントツッコミをしたんだって（笑）。

本来ならば一週間程度入院をしてうつ伏せ状態を保たなければならないのだけれど、個室の病室が一泊しか眼科病棟では用意できないこと。それに起床が七時で早いということで、お父さんはお医者さんに頼み込んで一泊だけで退院することになったんだって。うつ伏せ状態という条件だけだから「自宅で守ります」と頼んだらしいよ。必死に頼み込んだ本当の理由は、病院だと飲酒、喫煙ができないかららしい。目は不調でもあとは健康体だから病院での生活は耐えられないと思ったらしいよ。

　まあ、一泊で帰ってきてくれたからボクたちもいつも通りに散歩もしてもらえた。本当は安静にしていなきゃならないけど、一時間くらいいいだろうと散歩に連れていってもらったんだ。ボクは知らないけれど誰かに聞いたのは、昔、お父さんは舞台で怪我をして手を七針縫ったんだって。病院では一〇日後に抜糸で来てくださいと言われたんだけれど、当時、尊敬していた俳優の松田優作さんの自伝に自分で抜糸したというエピソードがあり、それを見習い病院に行かず自分で抜糸したらしいよ。そういうところがあるんだよね。破天荒というか無茶苦茶。

　でもボクたちの散歩以外は寝室にこもりっきり。通信販売で買ったマッサージ用のベッドでうつ伏せ状態でいたからお医者さんとの約束は守っていたみたい。マッサージ用のベッドは顔を埋める穴が空いているでしょう。穴から下を見られるから便利なんだって。ただ目が片方しか見えないから読書とかはできなかったそうで、目は使わないで一日中ラジオを聞いて過ごしていたみたいだよ。

話を戻すけれど、手術はその日の夜、一八時から行われたんだって。病室から看護師さんに車椅子を押してもらい手術室へ。手術室は地下にあったんだって。大学病院だから内科、外科、全て合わせて一七室も手術室はあったみたい。朝は通勤ラッシュ並みにストレッチャーが並ぶんだって。でも夜の一八時だから、そこにはお父さんしかいない。だだっ広い前室が不安を掻き立てたらしいよ。

眼科の手術ではベッドに横たわるのではなく、リクライニングの大きなマッサージチェアみたいなのに座らせられるんだって。

顔を上に向けられ、左目だけがくり抜かれたビニールのような感触のマットを被せられる。唯一見えていた右目を隠されるので何も見えなくなり不安はギアアップしたそう。

まずは麻酔。最初にクリーム状のものを目の周りに塗られ、次に眼球に注射で麻酔液を入れられる。目に針が刺さるんだって。ヒェ～怖いよね。しかも五回も。不安はもうレッドゾーン。さらには眼球に麻酔液をこれでもかと流し込まれる。それをお医者さんが手のひらをお父さんの目に押し当て、グリグリ、グリグリと押し回して麻酔液を眼球の裏にまで入り込むようにするらしいんだけれど、お父さんはここで緊張の糸が切れたみたい。今まで抱いていた恐怖心や不安感が吹き飛んで面白くなっちゃったそうだ。

だってね、パン生地をこねるみたいに他人の目をコネクリ回すんだって。想像もしていなかったから、その予想外の行為が面白過ぎて笑いそうになったんだって。目だよ目。目だからね。

手術は四本の細い管を白目に刺し眼球の中の剝がれた網膜を張り直すんだ。液体を入れられたり、コネクリ回されたり、レーザー照射されたり、もう盛り沢山。局部麻酔だから意識はあるみたい。見えないまでも状況は耳、鼻、肌を通じて感じられたみたいだよ。マイナス思考になると恐怖心と不安感が戻ってきそうだったので、麻酔も効いて安心したお父さんは、その手術を、

どうにか楽しもう。

と考えたらしいよ。視界はなくても眼球の中の世界は見えたみたい。刺された四本の管が動く様子。レーザー光線はまるで線香花火のように舞い散る。時々注入される液体で目の中にあるものが蠢《うごめ》き、それはまるで万華鏡のようだったらしい。その不可思議な映像美の世界を楽しんだみたい。というかそう考えないと苦しかったのかもしれないね。

不安な状況もポジティブに捉えれば、面白くなる。

一時間半と聞いていた手術時間は結局、三時間近くにも及んだらしい。術中のお医者さんの

会話で、
「僕、このあと今日、車で函館まで行かないとならないんだよね」
とおっしゃっていたのが気になったと言っていた。手術が終わったのは午後九時近く。函館にはきっと午前二時頃に着いたんじゃないのかな。お父さん言ってたよ。
「先生、遅くまですいませんでした。ありがとうございます」

術後は痛みもなくただただ左目が見えないということだけ。病室に戻り遅い夕食をとり、うつ伏せで眠りについたそうです。

長い一日だったみたい。

まず、午前中に札幌の自宅近くの眼科に行き『網膜剥離』と診断される。大学病院を紹介され緊急手術を受ける。その日の朝の時点ではこんな大事になるとは思っていなかったみたい。万が一の場合は失明。お父さんが一番に思ったのは、

赤平に通えるのか？

だったそう。つまりは車の運転。片方が見えなくても運転はできるのか？　できるというかしていいのか？　すぐにスマートフォンで検索したらしいよ。

普通免許の場合、片眼〇・七以上、視野一五〇度以上であれば可能だと知って少し安堵したみたい。

翌日、診察を受け午前中には札幌の自宅に戻ってきた。ボクらはお父さんに何が起きたのかは分からない。でも家に帰ってきたお父さんは随分と嬉しそうだった。何度も、

「帰ってきたよ」

を繰り返し口にしていた。

バタバタと手術を受けたみたいだけれど、それからはもうひたすらうつ伏せ生活を強いられていた。ずっとうつ伏せ状態でいたので「腰が痛い、腰が痛い」と連呼していた。目の中に注入されたガスが抜けるまでの約二週間、ずっとうつ伏せでいなきゃならない。同じ姿勢でいるので目よりも体の方が辛かったみたい。

手術から二週間。まだ左目の視界は歪んで視力も回復してはいないみたいだけれど日常生活はおくれるようになった。車の運転も普通にできるようになったみたい。でも完全に回復するには半年から一年もかかるみたい。大変だね。経験したことのない不自由で厄介な二週間だったそうだけれど、それもお父さんはポジティブに捉えている。

経験できない経験をした。

昔のお父さんならきっとこの二週間も嘆いていたと思う。時間の無駄だ。いろんなところに迷惑をかけてしまう。後悔、後悔、後悔。でも今のお父さんは、

それもそれ。

と割り切っている。

無駄といえば全てが無駄である。

充実した時間はどれだけあったのか？

不慮の事態で予定がずれた時を無駄とするかもしれないが、ならばどれだけ夜、繁華街で泥酔し記憶をなくしてきたのだろうかとお父さんは自問する。その時は快楽に溺れ楽しんでいたかもしれないけれど、それこそが時間の無駄ではないのか？　そのことを棚に上げ不意に起こるハプニングを後悔するのはどうなのだろう。違うだろう。もっと沢山時間を無駄にしていた

ことがあるはずだ。だから、

無駄という概念は捨てるべきだ。

無駄とするか否かは自身の受け止め方で左右される。

無駄と考えることは意味をなさない。

とお父さんは眼帯をしながら僕に言ってきた。ちょっと怖かった。でもそう思うよ。じゃなきゃボクたち犬はどうなるの？　一日の半分以上を寝ていて、ご飯を食べてウンコをして、散歩に連れていってもらって飼い主に愛想を振り撒く。毎日、それしかしていないよ。ボクたちの人生は無駄？　ボクたちは無駄に生まれてきたの？　そうじゃないでしょう。ただ尻尾を振っているだけかもしれないけれど、それは無駄じゃないよね。

無駄という概念自体が無駄なんだ。

遠回りでも横道に逸れても、そのことは、

経験として蓄積される。

マイナスであると思っているのは、その時点でのことに過ぎない。マイナスと思っていることも経験として蓄積されている。無駄と思えたことものちに人生の手札となっているんじゃないのかな。犬の分際で偉そうにすみません。ワン！

実はね、後日お父さんが記憶を辿っていくと、この網膜剥離の原因を思い出したんだって。それはね、目の調子が悪くなる一週間前、雪の中でボクたちと遊んでいると時、テンションが上がった一頭がお父さんの顔面に激突アタックしたんだ。その時、お父さんは左目に痛みを覚えうずくまったんだって。すごく痛かったらしいよ。

その激突した犯人はタケフサでした。お父さんは犬によって網膜剥離したんです。タケフサはやんちゃだからな。大型犬を飼うって大変だねえ（他人事）。

20

『水曜どうでしょう』

お父さんを知る人のほとんどは『水曜どうでしょう』という番組も知っていると思う。三〇年近く前に北海道で始まったテレビ番組なんだって。知らない人はネット検索してね。いっぱい情報が出てくるとお父さんは言っていたよ。

ローカル番組でありながらＤＶＤも何百枚も売り上げ、サブカルの世界ではちょっとした人気番組になったんだって。レギュラー放送はもう二〇年も前に終わったけれど、数年ごとにスペシャル企画が放送されて、いまだに再放送を含め全国のどこかで放送されているみたいだね。少なくとも地元北海道では今でも毎週放送されている。ボクも何度か見たことがあるけれど何が面白いのかはさっぱり分からない。まあボクは犬だからね。

その番組についてお父さんは言う。

昔とは違う。

それはね、番組に携わる四人（出演者、スタッフ）が無名であった頃は無謀な企画を立ち上げ、それを番組にしてきたらしいんだ。その破天荒さ、いい加減さ、適当さが番組の魅力だったらしいけれど今はそうもいかないんだって。

「番組の広がりと反比例してやれることに制限が生まれた」

サイコロを振ってアポもない深夜バスに乗るなど今はできないみたいだよ。どこへ行ってもＳＮＳで拡散されて、企画に支障をきたす。

「博多駅前でサイコロを振れば人だかりができてしまうだろう」

とお父さんは寂しげな目をして言っていた。

昔とはもう違うのだ。

そうお父さんは繰り返した。分かっていてもファンは昔の姿を望むよね。

僕らも変わったし、時代も変わった。

お父さんはこの『水曜どうでしょう』のことを話すのを躊躇する。それはもうあの頃とは時代や背景が変わってしまったからなんだって。

社会も人も歳をとるし変わる。

昔は無鉄砲で若気の至りで無茶をしたみたい。でも人は歳を重ね分別がつき落ち着いていく。テレビ番組も同じなんだって。出演者、スタッフも歳をとる。社会もまた規制が増えたり価値観が変わったりする。昔のようには行かない。それは当たり前のことだとお父さんは言う。

若かりし頃、ヤンチャだった人がいい歳になってもヤンチャのままだとどう思われますか？「あいつは変わってなくて素敵だな」と思われますか？ 違うよね。「いつまでもバカだな」です。

若い頃は無茶をよくした。

誰も支持していなかった小さな番組のスタート当初、無茶をしても笑い話で終わった。それを見てくれた人に面白いとされ、番組を作っていた人々も面白いと思っていたみたい。でも多くの人に支持されるようになると社会性を問われ、無茶はできなくなる。モラルを問われる。ボクはよく分からないけれどコンプライアンス？ そういうものを意識すると面白味はなくなる。常識やモラルからかけ離れてはいけないけれど、

時には、境界線をギリギリ越えてアウトになるかもしれない。

そこに面白さが生まれていたとお父さんは言っていた。でも今はもうアウトになることは避けなければならない。アウトにならないよう安全策を考える。

昔で言うなら、学校の先生の言うことを守る優等生でなきゃならない。そこに面白味は少ないんだって。それよりも校則違反をして先生から目をつけられている不良の方が面白かったそうだよ。そうお父さんは自分の青春時代を思い返していた。

『水曜どうでしょう』は不良番組だった。

東京を中心とした学力優秀、品行方正の優等生番組が蔓延《はびこ》る中、ローカル局制作のバラエティ番組は不良になるしか目立つ道はないとお父さんは考えていたみたい。

「地方でもほとんどが中央キー局の番組が放送される。一つのチャンネルという教室ではみんなお金持ちで品の良い華やかな東京からの優等生ばかりだった。その中で貧乏な地元の自社制作番組を作るにははギリギリ校則を破る不良になることで存在感を示すしかなかった」

んだって。

「でも、その不良の行動が予測不能で面白く捉えられて、一気にクラスの人気者になってしまった。そのまま校則を破ったりクラスを盛り上げたりしていればよかったのだろうけど、クラスだけではなく学校全体の人気者に祭り上げられてしまった。そうなると校則違反を続けてはいられなくなる。大きな世界に入るとモラルも意識しなければならない」

だから、

破天荒ではいられなくなった。

このことに早くから気づけばよかったんだけれど、人は、

有頂天になると大事なことを見失う。

調子に乗っちゃったんだね。ホイホイと煽《あお》られてしまえば我を見失ってしまう。

『どうでしょう』は所詮田舎者の集まり。

不良になって目立つしか道がなかったのに、大きな世界に誘われたものの方向を見失ってしまった。北海道弁で言うと、

おだっちゃった。

〃調子に乗った〃ということみたい。

「本来、王道とは違う脇道を歩いてきた。脇道だからこそ、誰も知らない別世界を発見できたはず。それなのに大きくなり王道を歩くようになってしまった。脇道にはもう戻れない。王道は何人もが歩んできた道だ。正直目新しいものはない。王道にいては『どうでしょう』の良さは見出せない。ありがちになってはいけない」

とお父さんは考えているみたい。本来の脇道に戻るべきなのだ。だけれども今さら、元へは戻れない。それはどうしてなのか？　お父さんもその答えは持っていないみたい。小さなクラスでバカをやっていた頃にはもう戻れないんだって。

昔とは、もう違う。

そうお父さんは笑った。

二〇〇四年に放送された『ジャングルリベンジ』。

レギュラー放送でも行ったマレーシアのジャングル、タマンヌガラ国立公園に再び行くという企画だったんだって。ボクは犬だから詳しくは分からないけれどね。レギュラー放送は終わっていたけど久しぶりに会った四人はまだ王道じゃなく脇道を右に左に自由に歩いたってお父さんは嬉しそうに話してくれた。ロケを終えて宿泊してたロッジに戻った時、疲れ果てた大泉さんはベッドで眠り、お父さんを含めた他の三人はテラスでビールを飲んだみたい。そこでお父さんは話したらしいよ。

「この番組はスタート当初と違って大きくなった」
「これからいろんな人たちがこの番組を利用しようと近づいてくる」
「でもそれに乗っかってはいけない」
「営利目的に走ったらこの番組は終わる」

「四人で『どうでしょう』であることを忘れてはいけない」
「四人揃わなければ『どうでしょう』ではない」
「四人でやるならなんでも良いんだ」
「テレビ番組じゃなく絵を描いて個展を開いても、それが『どうでしょう』だよ」

お父さんが言うには『水曜どうでしょう』はもう、

過去の栄光を横目に下っていく存在。

らしい。ただしそれは否定ではなく過去の『どうでしょう』は素晴らしかったという自負があるんだって。それはおこがましいけれど黒澤映画や小津安二郎の映画のように捉えられるべきと思っているみたい。古いけれど今見ても面白い。それはあるよね。だからといって今後に期待されてもそれは違うらしい。だって、

もう昔とは違う。

今もなおファンは新作を熱望する。でも状況は変わってしまったんだって。それでも作品は

続く。潔くやめるのも手らしいけれど、こうして変わっていく姿を見せるのも運命であると思っているらしい。醜く老いる。それは、

「一生どうでしょうします」

というスローガンを番組として打ち立ててしまったからなんだって。だからお父さんは醜く朽ちていく姿も一つの責任としてお送りしようと腹を括ったんだって。

「人は上へ上へと目指すけれど、それによって本質を失うこともある。自分はそうではない。状況や周りが変わろうとも自分の本質だけは見失いたくない。ごめんなさい。所詮、僕はベータな選択をする天邪鬼なんです」

「あの番組を僕は愛している。そして支持してくれた方々への感謝、それは今も変わらない」

「これから先のことは正直分からない。老いて衰え、それでもやり続けるのは賢明なのか？これから先も指示してくださる方々の期待に応えられるのか？　ただ、どこかで傍観しようと

している自分がいるのも事実だ」
「これからも旅？　企画？　は続けるかと思う。ただし、それはどこかでベータな選択が良しと思われる条件が揃うことなのかもしれない」

普通に考えれば醜態を露わにはしたくはない。
ならばピリウドを打つ。
でも続けるのはなぜか？
今の僕には明確な答えはないが、
支持してくれる人がいるからだ。
（僕は蔓延る『藩士』という言葉は使わない）
その人々を無視して個人的見解で「辞める」とは言えない。

その方々と共に老いていく。
それが今思う答えなのかもしれない。藩士ではなく同志だと思う。
『水曜同志でしょう』
これからもよろしく。

21

クマゲラ

春がやってきて緑が深くなると野生動物たちも活発に動き回る。特に野鳥たちは早起きで、日が昇る少し前ぐらいからさえずりが聞こえ始める。ボクの弟のモドリッチは鳥の声が気になるらしく朝から吠え始める。

よくお父さんは寝室のドアを開けて、

「モドリッチ、煩い！」

と叫んでまたベッドへ戻っていく。ちゃんと目を見て言えよと突っ込みたくなるけれど、姿は見せずに下の階から叫ぶ。


野鳥にとってこの時期は〝恋の季節〟らしい。求愛のさえずりに始まり、ツガイとなったオスメスは子育てをする巣作りに忙しい。お家のベランダには巣箱が数個置かれ毎年、シジュウカラやヤマガラなどの小鳥が雛をかえす。中には生まれてすぐにいなくなってしまう子もいる。お父さんが言うには、蛇やネズミに食べられてしまったのかもしれない。可哀想だけれどもこれも森であるから仕方がないことなんだ。前の住人が残したものを他の鳥は嫌うので一度使われた巣箱は使い回しができないからお父さんが処分している。巣箱を開けると枯葉や木の枝が敷き詰められているそうだけれど、細い毛がクッション代わりに使われているんだって。それはねボクたち犬の抜け毛みたい。この時期、ボクたちも毛が生え変わるから抜け毛が凄いんだ。それを鳥は上手に巣へ運び使っている。ボクたちの毛も鳥さんの新しい命のために役立っているんだって思うと嬉しいな。

あ、そうそう。ボクたちと生活するようになってお父さんは、

黒い服が着れなくなった。

と言っていた。

昔はほとんど黒い服ばかり着てマフィアみたいだったそうだけれど、今はベージュとかグレーとかボクたちの毛が目立たないような服ばかりになったんだって。だから見た目も怖くなくなったみたい。

森に来る鳥の中でもお父さんはクマゲラを気にしている。よく、

「あ、クマゲラが来た」

とボクたちとドッグランで遊んでいる時に言う。

クマゲラはね、日本に分布する最大のキツツキ。黒くて大きさはカラスぐらいかな。でも頭

の上の部分が赤いんだ。なんかね、カラスが赤いベレー帽を被っているみたいな姿。生息数は本州の東北地方に一〇〇羽。北海道に五〇〇羽しかいない。

絶滅危惧種で天然記念物。

その鳥がここの森に毎日やってくる。普段は夕方くらいにどこからかやってくるんだけれど、今の時期は朝から夕方までずっと森のどこかでその独特な「キューン、キューン」という甲高い声を上げている。しかも二羽いるんだ。きっと、どこか巣作りができる場所を探しているんだと思う。四年前にはこの森で二羽の雛が生まれ巣立っていったんだ。ということは親子合わせて四羽いたんだよね。すごくない？　北海道に五〇〇羽しかいないのに、

四羽もここの森にいた。

そもそもは二〇一四年の秋のことなんだって。翌年二〇一五年の一月にクランクインしたテレビドラマ『不便な便利屋』（テレビ東京系で放映）というのがあった。これはお父さんが脚本・監督を担当したドラマなんだけれど、その舞台となるセットを作っていた時、大工さんがクマゲラを見つけたんだ。

「鈴井さん、この森にクマゲラがいますよ」

「クマゲラですか？」

その時のお父さんはクマゲラを知らなかったみたい。

「毎日来ます。珍しい鳥ですよ。あのですね、せっかくですから、このセットの家、クマゲラ風に作ったら面白いと思うんですけど」

そう言う大工さんの提案を受け入れてクマゲラハウスを作ることになったんだって。

それからお父さんはクマゲラについて色々と調べたみたいだよ。貴重な鳥であることはもちろん、その姿が黒と赤。かつて黒いダイヤモンドと言われた石炭を採掘していた町。その名は赤平。黒と赤。まさしくこの町を象徴する鳥だとお父さんは思ったらしい。中でもアイヌ民族では『チプ・タ・チカップ』（丸木舟を彫る鳥）と呼ばれてヒグマの場所を教えてくれたり、

道案内をしてくれる神。

とされているらしい。お父さんはそういうところも気に入っているみたい。クマゲラが来ると、子供みたいに笑顔で、

「あ、クマゲラが来た」
と言っている。毎日なのに飽きもせず口にする。
今年もきっとどこかの木に巣穴を開けて新しい命が誕生するんじゃないのかな。それをお父さんは心待ちにしている。

『不便な便利屋』というドラマは赤平を舞台にしたコメディ。二〇一五年の冬に撮影され四月から放送された。続編もスペシャルとして二〇一六年の年の瀬に放送された。ドラマでありながらギネス世界記録にガチで挑戦したり札幌国際短編映画祭に劇中映画をエントリーしたりとお父さんらしい挑戦があったと思う。視聴率は振るわなかったみたいだけれどね。

それまでお父さんは映画を作ることにこだわってきた。今まで四作監督し、もう二〇年くらい前になるけど、映画の勉強のために約一年間、韓国に渡ったらしい。チャン・ドンゴンさん主演の映画の現場にずっと帯同して勉強していたんだって。だから映画を作ることにこだわっていたみたい。

でも赤平の森で生活するようになって考え方が変わったんだって。映画を作ろうにもこの赤平には映画館はもうない。札幌か旭川に行かなければならない。どちらも車で片道一時間以上はかかる。しかも田舎だからお年寄りが多いよね。せっかく赤平で撮影しても地元の人に見てもらえるのだろうか？　そう思ったからこそ映画ではなくテレビドラマに興味を持ったみたいだ。テレビは大抵の家にはある。テレビならば札幌や旭川に足を運ばなくても自宅で見られる。地元の人にも見てもらえる。だからテレビドラマを作ろうと意識したそうだよ。『不便な便利屋』は視聴率こそ振るわなかったものの様々な挑戦や独自の視点が評価されて、次に新しいドラマを作ろうと企画が立ち上げられたんだって。

ずっとお父さんが温めていた脚本があったみたい。

「リストラされたヤクザの話。ヤクザの世界も学歴主義が当たり前になり、中学もろくに通ってなかった男は時代錯誤の邪魔な存在になる。力でねじ伏せていた時代は終わった。男は年老いた両親がいる北海道の田舎へと戻る。当然、ヤクザとなり勘当した息子を歓迎はしない。ましてや田舎の町の人は、元ヤクザということで男を白い目で見る。そんな中、ただ一人、中学の同級生の女、彼女だけが温かく受け入れてくれた。彼女はバツイチで、彼女もまたある意味この町には『出戻り』の身だった。彼女には小学生の子供がいた。いつしか田舎で肩身の狭い思いをしていた三人は意気投合しささやかな幸せを感じるようになる。しかしヤクザだった男のところに東京からかつて子分だった者がやってくる。他の組との抗争が勃発したらしい。そこでそれを収めるには武闘派だった男の力が必要と懇願された。頼りにしていると言われても、それは所詮捨て駒。事を収拾させるための生贄《いけにえ》に過ぎないことは見え見えだった。それでも男は、今のささやかな幸せよりも、元に過ぎないがヤクザとしてのプライドを優先させ、田

舎を後にし東京へと向かう。これはもう二〇年くらい前に書いた脚本。当時、いくつかの映画会社と話をしていいところまで行ったけれど、当時、ヤクザ関係は平成の暴力団対策法の施行などで風当たりが強くて実現には至らなかった」

それが令和の時代になって「やりましょう」ということで新しく赤平で撮影が行われたんだって。

またしても季節は冬。お父さんは雪の世界にこだわってたらしい。冬の撮影は寒さだったり天候不順だったり移動も含めてすんなりとは行かない。でも雪景色の、

一見厳しそうでも温かい世界。

を描きたかったみたいだよ。

主演俳優を含め次々と撮影は行われたんだって。撮影に漕ぎ着けるまで色々と悶着はあったみたい。お金がないからロケ地や設定を変える。納得いかない我慢も強いられたそう。それでもお父さんは赤平で作品を作り上げたいと耐えたらしい。近隣自衛隊の師団長に話をして大掛かりなロケも行われることになっていた。その時は随分とテンションが高くて家に帰ってきて

も機嫌が良かったのを覚えている。

「でも撮影は三日でストップした。突然の中止。目論《もくろ》んでいた予算が集まっていなかった。今後も目処が立たない。お金がないから中止するしかないとプロデューサーに言われた」

結局、そのままお蔵入りになりました。

中止を伝えるミーティング。お父さんはスタッフや地元の方々を前にして大泣きしたそうだ。悔しさもあるけれど、地元に対して申し訳ないという気持ちが強かったそうだ。

その日の夜、最後に赤平名物の『がんがん鍋』をスタッフに振る舞いたいとお父さんは申し出た。もちろん、お父さんは身銭を切ると言って。だけれどもそれぐらいは経費で出すとプロデューサーに言われ最後の晩餐を迎えたそうだ。

『がんがん鍋』とは炭鉱が全盛期の頃、労働者に好まれたものなんだって。簡単にいうとホルモンの味噌煮鍋。ガンガン食べてガンガン働けということに由来しているらしい。

宴会場において『がんがん鍋』こそあるが、テーブルに並んだのは海苔巻きや漬物といった質素なものだったんだって。それを見てお父さんの悔しさはさらに募ったらしい。

その一件から、お父さんは暫くテレビドラマを作ることへの意欲をなくしたみたい。

思い通りにならないことはいくらでもある。

ただ、

惨めな思いはしたくない。

そう痛感したと言っていた。
ドラマや映画のことは話さなくなった。「歳をとった」というのを言い訳にして「もういいよ」と笑う。その笑いに寂しさが混じっているのをボクは知っている。

大いなる夢を抱いていた分
実現できなければ痛手は大きい。

失意の底に沈んだお父さんは優しかったけれど時々、ため息をついていた。

でもね、なんだか最近、お父さんはまた元気になったんだ。

失恋と一緒だ。

その時は辛くとも時が癒してくれる。

本当にそうみたい。失意のどん底の時は人生諦めて死にたくて自暴自棄になってしまうけど、

時間が経てば解決できる。

ことが多いみたい。だから、

時を急ぐな。

今はね、大きなプロジェクトではなくとも自分を表現できる作品を作ろうとしているみたい。なんなら全部自分でやってしまう。脚本、監督はもちろん出演、編集、音楽、プロデュースまで全部自分一人で。そういうのも「らしいかな」と言ってお父さんは笑う。その笑いには悲しさや寂しさはなく、なんだか希望が見えるような気がするのはボクだけかな。ずっと寄り添っ

ているから分かるんだよね。ああ、この人、持ち直したって。

大丈夫。

ここの森には道案内をしてくれるクマゲラという神様が来る。途方に暮れたとしても導いてくれるんだ。そしてそばにはお供をするボクたち犬がいるでしょう。さあ、お父さん、行きましょう。鬼退治なのか夢見る先は分からないけれど、

信じた道を貫く。

それが、あなたが歩んできた道なのだから。

22

誰かいる

森では不思議なことがよくあるんだ。誰もいないのにドアが開いたり（きっと風のせいだ、と思うことにしている）、誰もいないはずの二階から足音が聞こえたり（きっとネズミだよ、と思うことにしている）、森の奥から人の声が聞こえたりする（草が擦れる音さ、と思うことにしている）。

ボクはよく分からないけれど、亡くなってしまったスアレスはドッグランに出ると山の方に向かって吠えていた。それは決まって同じ方角なんだ。何に吠えていたのかはボクにも分からない。でもね、不思議なことにスアレス亡き今、モドリッチが同じように山に向かって吠えるんだ。それはスアレスが見ていたのと同じ方角。何かを感じているのは確かだと思う。

お父さんが言うには、

「あの山の裏にはお墓があるからな。それかな？」

ということは、

『幽霊？？』

確かにこの田舎は廃墟が多く心霊スポットと呼ばれる場所もある。寂れた町って「出そう」

だよね。でもだからといってこの森でそんなことはないと思うよ。

でもね、お父さんはよく、

感じる。

んだって。公では言ったことがないらしいけれど、お父さんはそういう霊？　そういうのを『感じる人』らしい。見えるまでじゃなくあくまでも『感じる』そうだ。でもね、こういうのを公表しちゃうと眉唾に思われるから嫌なんだって。それにそもそもそういうことに興味はないらしいし、ホラー映画とかは怖くて見られないって言ってる。

若い頃からそういう感じはあったらしいよ。何かの気配を感じる。だからよくよそ見をする。例えば外食をしていてお店の入り口とかね。誰か来た、と思って見てみても誰もいない。そういうことがよくあるそう。自分ではいつも気のせいだと思っていたらしいけれど、テレビとかの仕事でそういう関係の人？　霊媒師とかに言われたそう。

あなたには見える能力がある。

さらには、

あなたを守護霊が守ってくれている。

その守護霊は強大な力を持っている。だからあなたに近づく霊から守り、あなたは見えるのではなく『感じる』程度に留まり『気のせいだ』とやり過ごせている、んだって。

しかも一人ではなく違うタイミングで別の三人に同じことを言われたんだって。信じるというよりなんだか嫌な気持ちにお父さんはなったみたい。そもそも『感じる』ことはあるけれど霊なんて信じていないんだから。

その後も幾度となく『感じる』ことはあっても気にもせずに生活していた。

でもね、

森に来て分かった。

『感じる』頻度が多くなったみたい。昼夜問わず森の奥から気配を感じたり、すぐそばに誰かがいるように思えたり、そういうことがしょっちゅうあるみたい。

お父さんが言うには森にそういう者が多くいるわけではなくて、

森に来て研ぎ澄まされた。

らしいよ。

森での生活は何が起こるか分からない。外で畑仕事をしていても何かの野生生物に襲われるかもしれない。特にヒグマが敷地内に現れてからは常に周りを気にしながら作業している。目はもちろん、聴覚や嗅覚、肌で感じる気温や湿度、風。

『感じる』ことに集中する。

そうした毎日を過ごしていると、そういう霊的なものも以前よりも感じやすくなった、とお父さんは笑いながら話している。ボクはちょっと怖いな、と思うこともあるけれど、全然怖いことじゃないんだって。

「そもそも霊が怖いものと思うのは誰かが作ったイメージだ。鶴屋《つるや》南北《なんぼく》なのか馬場《ばば》文耕《ぶんごう》なのか知らないけれど、お岩さん、お菊さん、貞子、オバケがみんな恨み辛みや怨念を持っているってエンタメのために作られたものだと思う。実際に無念で死んだ人は多いと思う。でも現世を彷徨ってまで怨念を晴らそうという執着心の強い人ってどれだけいるのだろうか。死んだら『あ、死んじゃったね。もうお終い』という感じじゃないのかな」

笑いながらお父さんは続けた。

「現世を彷徨うとしたら逆に、残してきた人間を心配してくれてのことかもしれないじゃん。だからさ、森で『感じる』ことがあるとね、ああ、オヤジが来たんだって思うようにしている」

お父さんのお父さん、ボクにとってはお祖父《じい》ちゃんだね。お祖父ちゃんのお墓は、そうスアレスやモドリッチが吠える山の向こうにある。そうか、お祖父ちゃんが時々、森の様子、お父さんのことを心配して見にきているんだ。僕もそうだけれどスアレスやモドリッチはお祖父ちゃんに会ったことはない。だから吠えてしまうのか。そういえば亡くなってしまったモカさんも山の方を見つめていることがよくあった。犬たちの中で唯一、モカさんはお祖父ちゃんに会ったことがある。

モドリッチが山に向かって吠えると、

「やばいなあ、最近墓参りに行ってないからな」

とお父さんは言う。お祖父ちゃんが来たんだね。そうすると翌日には花を持ってお父さんはお墓参りに行くんだ。

思い込みは誰かが作った概念。

生きている上で自然と誰かが作り上げた考えが刷り込まれてしまう。社会で生活する上でモラルや規律は必要。でも、

本当にそれでいいのか？

と考えることも大切なんじゃないかとお父さんは言う。

「例えば昔の校則では『男子の頭髪は、前髪は眉毛に掛からない。横は耳が出る。襟足は制服に掛からない』だった。だからみんな同じような髪型をしていた。これは一つの規則で、それを厳密に禁止するということではなく学校生活でルールを守る、ということが前提だったはずだ。そのために学生手帳にはいくつもの拘束、いや校則が書かれていた。ルール厳守という上での約束事に過ぎない。ルールを守ることが大切ならば納得のいかないルールを話し合う場がもっと早くにあれば良かったのにと思う」

ルールを守ることで安心する。

果たしてそれで良いのか？

一方的な解釈を信じる必要があるのか？

いやいやルールは守らなければならない。ただ、そのルールが今の社会に適合しているのかは常に検証すべきことみたい。お父さんが言うには、

個人的見解をしっかりと持つ。

その上で、自分と社会を併せ見ることが大切なんじゃないだろうかと言っていた。だから心霊現象やオバケを怖いものとは考えず「あ、オヤジが来た。あっちはお袋か？」と思うのもアリなんじゃないかと。ポルターガイスト的なことがあっただけで『悪霊がいる』と考えるのはどうだろう？　死んだ身内に悪戯《いたずら》っ子はいませんでしたか？　その子が来たのかもしれない。だとしたらせっかく来てくれたのに『悪霊』と決めつけるのは可哀想。

もっと亡くなった身内のことを思い出してあげる。

「ああ、オヤジだ。お袋だ。兄貴だ。（友人）あいつか？　そう思い出してあげることは大切なことだと思う」

とお父さんは、いつもモドリッチが吠えると思っている。

力を持った守護霊に守られているお父さん。森に来て、その能力はさらに高まった。でも、そういうことを口にすると気持ち悪がられるから公では言わない。それに『感じる』ことはあってもそういう存在を信じているわけでもない。今では『感じる』だけじゃなく『黒い影』

としても見えるらしい。それでも気のせいだと思っているみたい。それは強い守護霊が守ってくれているからなのかなあ。

数年前のこと、また、とある霊的な能力のある方と会う機会があったみたい。単なる霊媒師ということではなく飛鳥時代から続く、何かその道の方。そういう世界では今の日本には数人しかいないという方とお会いしたんだって。その席では、ある霊的な呪縛に苦しんでいるという人を見てもらうということだったらしいけれど、その能力のある方から、

「あなたの方が問題です」

と突然言われたらしいよ。

「あなたには三つ目の鬼がついています」

お父さんは、

「へ？」

と思ったらしいよ。

「鬼の中でも最強で最悪な鬼です」

その時、お父さんが思ったのは「マジか」だったそうです。でもそれはネガティブなものではなく「面白いね」という方向だったみたい。

森に来て身についているのは『強い守護霊』に代わり『最強最悪の鬼』。普通なら除霊してもらおうと思うのに、お父さんはある意味、最強を手に入れたんだと思ったみたい。

最悪も使い方次第では最強になる。

それがお父さんの捉え方。

でもね、そうであっても鵜呑みにはしない。

思い込みは誰かが作った概念。

一方的な解釈を信じる必要があるのか？

なんだってさ。

23
老いるということ

ボク、ゴールデンレトリバーの平均寿命は十一歳らしい。もちろん平均だから、もっと前に亡くなる子もいれば二〇歳まで生きた子もいるみたい。

ボクは今年、八歳になる。もう老犬、顔の周りが白くなる老犬の特徴も出てきた。人間でいえば六一歳。そうなの。今年、ボクはお父さんと同じ歳になる。そしてね、来年にはお父さんの年齢を超えてしまう。もう、お父さんって言っていられなくなるのかな。なんだか複雑な感じだね。

ボクは子供の頃からおっとりとした性格だからシニアになっても何も変わらない感じ。こう言うとお父さんが悲しい顔をするので嫌だけれど、普通に考えればボクの寿命もあと、二、三年しかないんだよね。ここ最近、四年前にモカさん。三年前にイニエスタちゃん、二年前にスアレス、そして去年、メルさんが亡くなった。

犬はね、人間と比べるととても寿命が短い。犬好きの人は知っているけれど、平均十数年生きる小型犬に比べて大型犬の方が平均一〇年くらいで寿命は短いんだ。体が大きい方が頑丈で長生きすると思われそうだけれど、逆なんだよね。大型犬はね、その体格に似合わず臓器が小さくて日常の負担が大きいから、細胞の老化が早くて長くは生きられないらしいよ。

お父さんもちょっと前までは歳をとることに抵抗を感じていたみたい。

老いることが怖かった。

みたい。

だから儚《はかな》い抵抗として一〇年前にはメンズエステに行ったり、若い女の子のいる店に通ったり頑張っていたんだって。それも森に来てからは、

流れに身を任せる。

として無駄な抵抗は止《や》めたみたい。唯一、今もやっているのは白髪染めくらいかな？　それ以外は何もしていない。シワが増えようがほうれい線が際立とうが頬の肉が垂れ落ちようが自然に任せるとしている。

体も故障が多くなり、腰が痛くなったり膝に痛みを感じたり、いつも、

どこかが痛い。

と言っている。

膝は軟骨が削れてなくなりかけているらしいよ。だから全力で走ることもできなくなったみたい。森にはサッカー場があるにもかかわらずボールを蹴ることももうできないらしいよ。

当たり前だけれども老いるとできなくなることも多くなる。それは悲しくもあるけれど同時に、できないのであればどうするか？　と考えることになるらしい。

老いれば考える。

「体力は減退し、反射神経も鈍くなる。だからこそ効率を考え労力を使わなくともできる方法は何だろうと考える。森で木を倒す。切った木をそのままにはできない。丸太として運ぶ。力がなくなったのであれば丸太を細かく切り刻み軽くする。数は多くなる。数が多ければ運ぶ時間も長くなる。でも時間をかければ運ぶことはできる。昔は時間をかけずに効率的に進むことを考えた。でも、

老いたら時間がかかる。

その現実を受け入れなければならない。老いたことを悔やんでも何にもならない。

どうやったらできるかを考える。

その転換が必要だ。車の運転。昔は思いっきりアクセルを踏んでいた。が、『速さ』が『怖さ』に思えるようになってきた。昔は『勢い』が怖くなかったが今は『怖い』。それに抵抗するのではなく承知する」

老いて「怖いものは怖い」と受け入れる。

その必要にお父さんは迫られたみたいだよ。

昔のようにはできない。

それが現実なんだ。それを受け入れるのは辛いことらしい。特にお父さんのように常に挑戦してきた人にとっては、自分はもう挑戦できないのか？　と自分自身に聞いてしまうみたい。

でもね、これまた逆に考えれば、

できなくなったことも考えればできる。

ということなんだって。

「労力は減退しても時間をかければ成せる。コツコツやれば完成する。『おばあちゃんの知恵袋』のように老婆心ながらどうしたらできるかを考える」

お父さんは歳をとった今が楽しいとよく言っている。それはね、

経験から得た知恵があるから。

なんだって。

若い頃は経験値も知恵も備わってなかったから『ノリ』とか『勢い』でその場を乗る切ろうとしていた。なんとかなったこともあるけれど、多くは壁にぶち当たった。その経験からどう壁をぶち破り越えるかの方法を得た。そういう経験がある。そう実はね、

還暦を迎えた今が最強。

と言い張る。いやいや老人の悪《わる》足《あ》掻《が》きみたいだけれど、実際にそう感じているみたいだよ。今が熟成された最強の時期だと言って譲らない。

「六〇歳って一般社会では定年を迎えリタイアするタイミングだ。でも、多くの人はセカンドライフとして再雇用や違う働き口に赴く。それまでの場所を離れて田舎暮らしする人も何かの生業を見出す。六〇歳はもうリミットラインじゃない。まだまだこれからと思っている人も多いし、現実的にもそうなっている。

体力が大きく左右するスポーツ界は別だけれども、芸能界はどう？ 具体的な名前は記載しないけれど六〇歳を超えた人がどれだけいますか？ 数は少なくとも大御所と呼ばれトップに君臨している。政界なんてどうですか？ ジジイばかりだ。それに対しての異論もあるだろうけれど、その方々は経験値と知恵がある。だからジジイでも頑張っていられるんじゃないかって思う」

ボクは人間じゃないから深く考えることはないけれど、老いても元気に走り回っていたい。

少しでも長い時間、この森でお父さんや兄弟たちと遊んでいたい。たとえ走れなくなっても芝に身を置いて日向ぼっこするだけで幸せだろうと思うよ。

できなくなることも多い。歳をとれば限りがあることを知る。そもそも時間にも限りがあることを意識し始める。ボクは犬だからそんなことは気にはしていない。だけれどお父さんは気にしているみたい。最近、ボクに対して随分と気を使ってくれる。


「普通に考えればお前とは、あと二、三年しか一緒にいられないんだな」


と言う。

ちょっと待ってよ。僕はまだまだ元気だよ。ガキのタケフサがかかって来ても応戦しているでしょう。外へ出る時は誰よりも早く階段を駆け降りていくでしょう。やめてよ、僕がもう死んじゃうみたいな言い方。僕はまだまだお父さんと一緒にいるよ。平均寿命が十一歳？　それはあくまでも平均でしょう。子供の時に亡くなる子もいれば長生きする子もいる。ゴールデンレトリバーで二〇歳を超えた子もいるんでしょう？　犬としては三〇年以上生きた子もいるんでしょう？　じゃあさ、僕がその記録を塗り替えるよ。

ゴールデンの記録としての二〇歳はもちろん三〇歳も超えてやる。僕は『ギネス世界記録』に載る。

ちょっと待って、三〇歳って、二二年後だね。ということは、お父さんは八三歳だ。えっと、日本人男性の平均寿命は八一・四七歳（二〇二二年度）なんだって。ということはお父さんこそ平均寿命を超えなくてはならないんだよ。僕のことを心配する前に、自分の健康管理をしっかりして欲しいです。

お父さん、これからも一緒にいい歳のとり方をしようね。

24

子供じみた夢
〜これからやりたいこと

森は広い。いまだに手付かずの場所もあるよ。だからやってみたいことがお父さんには沢山あるみたい。実際に作って失敗した『砂浜』や『南国館』のことはお伝えしたけど、まだまだ頭の中には構想がいっぱいあるみたい。

『バイクのモトクロス場を作る』とか『アスレチックフィールドを作る』とか『ケーブルリフトを設置してプチスキー場を作る』とか色々言っている。でもね、僕たちと生活していて本当に作りたいものは、

保護犬施設。

らしい。ボクたちはお父さんと出会って幸せだけれど、そうじゃない子が世の中にはいるらしいんだ。飼育放棄されたり迷子になったりして結果的に『処分される』子は年々減ってきてはいるものの、犬猫合わせて毎年一万匹以上いるらしい。

注射による安楽死やガスによる窒息死で命を奪われるんだって。考えるだけで悲しくなるよ。というか何だろう、ボクたちの仲間がそんなことになるなんて、

『人間って何を考えているんだよ！』

処分される子の多くは、

飼育放棄。

によるものらしい。

子犬の時は「可愛い可愛い」と迎え入れたけれど、一緒に生活してみると「吠える」「物を壊す」「抜け毛で汚れる」「散歩が面倒」「お金がかかる」といった人間の身勝手な理由で「もう飼えない」と保健所や保護施設に犬を捨てにくるんだって。許せない。酷い話だよね。

あのね、

『犬はお話ししたいから吠えるんです』

『犬は興味がある物を齧《かじ》るんです』

『犬は毛が抜けるのは当たり前』

『犬は散歩が一番の楽しみなんです』

『犬だけじゃないでしょう。子供とかもお金はかかります』

ボクから言わせれば全部当たり前のことですよ。それが分からない、許せないのならばボクたちとは暮らせない。ペットを飼うことの理由としてよく挙げられるのが癒しをもらえるからだそうだけれど、ボクたちも、

『癒してもらいたいんだよ』


「欲しい欲しい」だけなんて世の中ないはず。何かをしてもらうには何かをしてあげなければ。

それはペットにも言えることなんだと思うよ。

だからね、偉そうに思われたくはないけれど、ペット（犬）を飼うにはそれなりの覚悟をしてもらわないと困る。

飼育放棄なんてもっての外だよ。ボクは許せないな。

ボクとお父さんの出会いははじめにお伝えしたけれど、お父さんがボクを迎え入れたもう一

つの理由があるんだ。

それは『不便な便利屋』という赤平を舞台にしたドラマがきっかけだったらしい。そのドラマの中で犬を出演させたいというお父さんのリクエストでスタッフに探してもらったんだって。犬種はゴールデンレトリバー。ボクと同じだね。昔からお父さんはゴールデンが好きだったらしい。好きな理由は賢そうだから。エヘへ。賢いんだよ、ボクは。

隣町の滝川市で犬の仕事をしている人が三頭のゴールデンを連れてきたんだって。その中の一頭がすぐに気に入ったみたい。名前は『小次郎』くん。一歳のオス。その子は飼育放棄され預けられていたんだって。とっても大人しい子で撮影の時もちゃんとお座りしていたみたい。お父さんにも懐いて可愛かったみたいだよ。

できることならば飼育放棄された小次郎くんを迎え入れたいとお父さんは思ったみたい。でも撮影は続くし、撮影を終えてもドラマの編集作業で一ヶ月間、東京に滞在しなければならない。この先、二ヶ月間は無理だ。そもそも大型犬を飼ったこともないので、そういう「可愛いから」とか「懐いてくれたから」という安易な動機で飼ってはいけないとも思ったんだって。飼うには自分の状況も整理しなければならないよね。

ちゃんと考えてから飼う。

それが大事なんだと。

結局はタイミングが合わず小次郎くんとのご縁はなかったみたい。彼はその後、北海道を離れ千葉県の新しい飼い主に引き取られたそうだ。新しい飼い主が見つかって良かったね。小次郎くんのことがあって、ボクとの出会いがあるみたい。

ボクを迎え入れてくれたことも含めて、その後、スアレス（バーニーズマウンテンドッグ）、モドリッチ（グレートピレニーズ）、タケフサ（秋田犬）といった大型犬を飼うようになったのは、できるかどうかは分からないけれど保護犬施設を作ることを考えてのことでもあるそうなんだ。

大型犬を複数頭、今までメルさんを含め最高で五頭いた。それを飼うというのは大変なことだと思うよ。それを通して保護犬施設をイメージしていたみたい。複数の犬、大変なことも多い。施設を作るとなればいい子たちばかりではない。吠える子もいれば齧る子もいると思う。トイレもできない、見た目も決して可愛い子ばかりじゃないはず。そういう子たちとやっていけるのだろうか？　もちろん施設となれば、スタッフを雇わなければならないし、そのスタッフが皆、ちゃんと犬のことを理解してくれるのだろうか。心配だよね？

最近、子供の養護施設や老人介護施設での虐待という報道が多いとお父さんが言っていた。そういう施設で働くには、そういう専門の学校に行っていたり資格を持っていたりした人なのになぜ？　きっとイメージしたものと現実の違いでしてはいけない行為に走ったんじゃないかとお父さんは言う。ボクたち犬に関しても同じ。犬が好きで犬関係の資格を取りそういう仕事に就いたものの、現実とのギャップ。

犬は思い通りにはならない。

だから思わずぶってしまう。暴力をふるっちゃう。そういうことを考えるとお父さんはめげてしまうらしい。

それでも将来的には、

犬の楽園を作りたい。

と考えているみたい。

広大な敷地に自分だけじゃなく恵まれない犬を迎え入れてここで生活させてあげたい。そしてちゃんとした飼い主に巡り逢わせてあげたいと考えているみたい。今は二つのドッグランが

あるけれど、森全体を柵で囲い、森全てをドッグランにする。そこで自由に遊ばせてあげたいんだって。

都会でも毎日、十分な散歩をしてくれて多くの愛情を注いでくれる飼い主はいっぱいいると思う。それは幸せなことだとは思うけれど、お父さんが思うには、

自由に走らせてあげたい。

んだって。ボクたちは森に来るとノーリードで自由に空間を駆けずり回っている。ダッシュするんだ。それはもう爽快だよ。でも都会での散歩はリードに縛られ飼い主さんに寄り添いトコトコ歩く。それはそれで楽しいけれど、ボクたちは走り回りたいんだよ。都会にも有料のドッグランがあり、そこでは思いっきりダッシュするけれど毎日行けるわけじゃない。年に何回かだよね。それじゃあ物足りないな。

ボクたちと一緒にいて、お父さんはボクたちの気持ちを分かってくれている。だからこそ他の子にもそういう『自由？』な環境を作ってあげたいんだって。特に飼育放棄された可哀想な子にこそ楽しみを教えてあげたいと考えているみたい。

でもね、それは夢のまた夢。そう簡単にお父さんが思う楽園を作れるわけじゃない。いつに

なるかは分からないけれど夢で終わらず実現できればいいね。

25

落ち着ける場所に辿り着いた

森に来ると落ち着くんだ。番犬のモドリッチは鼻をピクピクさせて不審者（野生生物）がいないか警戒しているけれど、ボクは芝の上に寝そべり太陽の光を浴びている。ポカポカと気持ちいい。空では鳥たちがさえずり、草むらからは虫たちの大合唱が聞こえ、木々の間を通り過ぎる風は葉音を奏でてくれる。

『穏やかな時間が流れているんだ』

ボクたち犬は人間と比べて六分の一くらい、一〇年から一五年しか生きられないんだ。人間は八〇年くらい？　森の木は種類によって様々だけれど、栗の木は五〇年、白樺は七〇年、桜もシダレザクラは一〇〇〇年以上のものもあるらしいけれどソメイヨシノで八〇年くらいらしい。森自体は長く続いているけれど、そこに住むものたちの寿命は意外に短いんだね。

お父さんもね、還暦を過ぎて、

『残された時間』。

を気にしてる。平均寿命で考えて、あと二〇年くらいしかない。ボクなんてあと二、三年しか時間はないんだ。そう考えると一気にネガティブになってしまうけれど、考え方を一八〇度変えてみるとまだまだ時間はあるよね。若い頃は寝る間を惜しんで仕事をしたり遊んだりしていたそうだ。でも今は違って、

ゆったり構える。

ことにしているんだって。森で何もせずにボーッと木々を眺めている時間も大事だと思っているみたい。ボクと同じだね。ボクもボーッとしながら芝の上に寝転んでいることが多いよ。でも若い頃はそんなことをしてるのがお父さんは許せなかったみたい。

何かしなければ！と焦っていた。

働く、遊ぶ、考える。とにかく時間をどれだけ有効に使うかが全てだと思っていたみたいだよ。

「時間を無駄にしたくはなかった。でも今、感じているのは無駄な時間は一切ない。人生には失敗はつきもので、一つの失敗はそこに至るまでの時間や労力を全否定してしまう。無駄だっ

た。もったいなかった。できればやり直したい。でも、結果的にはそういう時間も経験として蓄積されて糧になっている」

んだって。

時間は成功も失敗も関係なく経験値として積み上げられている。

挫折ばかりの人生だったお父さんは、そう思わないとやっていけないよね（笑）。

でもね、あながち否定もできないと思うよ。

お父さんの人生は九のつく歳に転機があったみたい。

「九歳。

天邪鬼になる。小学校の国語の授業で、読書感想を順番に言わなければならなかった。教室の前列から順に同級生たちは主人公の立場での見解を述べた。最後列に座っていた自分は、みんなが同じことを言うのがつまらないと感じ、物語の主人公ではなく、その友人という脇役の立場からの見解を言った。それを教師にすごく褒められた。

『鈴井が言った違う立場から考えることもすごく大事なことだ』

その時間、自分は一躍ヒーローになった。そこから違った角度から物事を捉えるようになってしまった。いわゆる天邪鬼。可愛くない子供が形成された」

そうだ。

「一九歳。二浪の末の大学受験失敗。

ずっと東京にある大学に進学することだけを夢見ていた。けれど学力が足りず北海道の私大しか受け入れてもらえなかった。描いていた人生設計が全て狂ったとその時は思った。挫折しかなかった。そこで出会ったのが演劇の世界だった。とはいっても北海道の小さな劇団でしかない。当時の北海道の劇団の多くは、東京でやっていた方々が挫折や家庭の事情で地元に戻ってきて旗揚げしたものだった。大学受験の失敗という挫折から逃れようと拠り所にした場所は、そこもまた挫折感に満ち溢れた世界だった」

みたいだよ。

「二九歳。起業。

劇団での活動を仕事にしようと今のクリエイティブオフィスキューを設立し社長となった。

でも北海道で芸能プロダクションなど無理なことだと当初は相手にされず茨の道しかなかった。そもそもこの起業も社長とはいっても当時のパートナーが退職金で起業し、自分で起業したとは言い切れない。未来を夢見たものの同時にここでも挫折感を味わうことになった」

みたいだよ。

「三九歳。夢であった映画監督に。

小学生の頃から八ミリ映画を撮り、将来は映画監督になりたいと夢見ていた。やっとの思いで巡ってきたチャンス。でも現実は違った。最初に描きたいと思った作品とは違う作品になってしまった。

『どうでしょうのミスターがダークな作品を撮るのはどうだろう？　もっと希望のある作品にすべき』と周りに説得され、当初企画していたものとは別方向に。脚本家とのやりとりも意見が対立してうまくいかなかった。途中でやめたいとも考えた。

『これは俺が作りたいものじゃない』

でもチャンスはもう巡ってこないかもしれない。妥協せざるを得なかった」

らしいよ。ここでもまた挫折をしたんだって。

「四九歳。森へ。そして再び演劇を。
今ある森の生活。でもそれは現実から逃げたのかもしれない。追い詰められた。いや自分を追い込もうとしたのかもしれない。一度は諦めた演劇の道を再び歩むためかつての劇団ＯＯＰＡＲＴＳ（オーパーツ）を復活させた。でもそこにはもう一つ安らぎの場所も必要だった。逃げ場所だ。全ては自分が蒔いた種のせいだけれど今いる場所から逃げ出して違う世界に行きたかった」

みたいだよ。

ただ、ここでリセットされた。

とお父さんは感じたそうだ。

もう何もない。であれば一からやり直す。そこでもう一度、

原点回帰する。

だから一度は引退と言った演劇活動を再開させたんだって。

完全なる自己否定から始まった。

「挫折ばかりの人生の果てに辿り着いたのは、自分をどう変えるかという挑戦だった。自己を否定したくはない。人間は自分が可愛いものだ。でもそこに執着していては前進はない。自分を疑ってみる。自分を肯定しない。自分がどれだけダメなのかを知る。できれば避けたい。でもそうしなければ進めないのだ」

そうお父さんは思ったらしい。

若い頃から井の中の蛙でチヤホヤされてきたんだって。自分は天才だと思った時期もあるらしいよ。自分が認められないのは世間が自分の考えに追い付いていないからだと言い張っていた時期もあったみたい。でも違ったんだって。

「自分には才能がない。凡人であるという見解を認識しなければならない」

そう悟ったんだって。

九歳の時に天邪鬼になって他とは違うとずっと言われてきたんだけれど、それはまやかしだった。

ダメ人間であることを知る。

自分をしっかりと受け止めることから、自分の物語は始まるらしい。最初をしっかりとね。

きっちりとしたスタートがあって、一歩一歩、足元をしっかりと見て前へと進む。ゴールだけを見ていてはダメみたいだよ。自分の実力を知った上でのスタートなんだって。でね、肝心なのは、

スタートは何度でもできる。

なんだって。

何度でもスタートラインに戻って、

再スタートを切ればいい。

人生は一度きりだけれど、人生の分岐点はその都度、スタートし直せばいいんだって。

人生は一度きりでも何度でもやり直せる。

26 あとがきにかえて

少しは森での生活のことを知ってもらえたかな？　お父さんに聞いたことをボクがお伝えしたけれど、ボクは犬だからうまく伝えられたか、ちょっと心配だ。

最後にお父さんからお話があるみたい。なんだろう？　じゃあ、ここからはお父さんにバトンタッチするね。

最後までお付き合いいただきありがとうございました。ボクはゴールデンレトリバーの『ネイマール』。これからもお父さんとずっと一緒に森で遊びます。ありがとうございました。

ネイマール。ありがとう。

一緒に暮らすようになって七年。本当にお前は素直で良い奴だよな。様々な理由はあったもののお前との出会いがなければ僕は今のように、もう一度様々なものに挑戦しようという気になっていたかは疑問だよ。「癒し」といえば短絡的だけど、お前を含め他の子たちと暮らすようになって、気持ちが穏やかになった。昔はどうして毎日、あんなにイライラしていたんだろうな。こうして毎日、安らぎの中にいられるのはお前たちのおかげだ。本当に感謝している。

初めての大型犬ということもあり随分と厳しくしつけたね。しつけ教室に通わせようかとも考えたけれど、自分でやらなければ意味がないと、本やDVDで勉強してね。トイレや「待て」はもちろん、散歩では飼い主よりも前に出ない。「おいで」と呼べば必ず戻ってくる。常に人間から離れないよう訓練したね。何度も何度も繰り返したから随分と嫌だっただろうに。それでもお前は尻尾を振って笑っていた。

お前で満足したのか、他の子にはちょっと甘くなってしまった。お前は長男だから仕方ないと諦めていたかもしれないね。

ここ数年、毎年、誰かが亡くなってきた。気がつけばお前も今年で八歳になる。平均寿命は十一歳。考えたくはないけれど現実的には、あと二、三年か。いや絶対に長生きしてもらおうとは思っているけど、時々、頭を掠《かす》める。

「一緒にいられる時間にも限りがある」

だから、毎日毎日、一生懸命遊ぼう。何にでも時間という限りがある。大切なのは時間の長さじゃない。その時間をどう深く濃く過ごせるかだと思う。

ネイマール。ありがとう。それはこれからもだよ。

僕も随分とお爺ちゃんになった。お前も人間で考えれば今年、僕と同じ歳になるんだよな。お前もお爺ちゃんだな。

お爺ちゃん同士、仲良くやろうぜ。

昔と比べたら体力も気力も衰えた。腰も痛いし膝の軟骨も少なくなった。だからといってもう終わりだとは思っていない。老いてもやれることはある。自分が何をやれるのか？　まだまだやるよ。そう思えたのはお前のおかげだ。お前や他の子たち、みんなのためにもまだまだやらないとな。

お前たちのおかげで、僕は少し寛大になったし多くに感謝するようになったと思う。五〇歳を超えて大きく変わったと自分でも感じている。それは凄いタイミングだったんだ。五〇歳くらいといえば、人生も半分を過ぎて、いろんなことを諦め始める。もう十分やったよな。もう無理をしなくてもいいんじゃないか。そう思い始めていた時期だった。そんな時、お前と出会い、元気いっぱいに走る姿を見て沢山の元気をもらった。もう少し頑張ってみるか。そう思えたんだ。確かにやれないことも多くなった。でも逆に今だからこそやれる。そういうものを見つけられるようになった気がする。ありがとう。

逃げ場所としてやってきたこの森でお前に出会い、もう一度、新たなスタートを切る。そんな感じだ。六〇を超えた今、さらにそう思っている。

ジジイはジジイなりに頑張るさ。

ネイマール。ありがとう。

これから一日でも長く一緒にいたいけれど、それは分からないから深く濃い時間を過ごそうな。

何度も言うけれど、ネイマール。ありがとう。

そして、

まだまだこれからだな。

27 P.S.

ネイマールたちはいつものように森の中を駆けずり回っていますが、追記です。春先から咳が止まらず困っていました。特に朝方になるとベッドの上で咳き込み、睡眠時間を削られる毎日が続いていました。

流石にまずいと思い病院へ。

まだコロナが五類に移行する前だったので、咳が出るというだけで発熱外来での診察を強要されたのです。咳だけで熱は出ていないのに、保健所に電話をして問診を受けなければならない。正直、面倒くさいと思いました。

手続きを終え診察。レントゲンやら血液検査やら一通りの検査を終え、再び診察を受けた時、医師に言われたのは、

「肺や気管支に異常はありませんね。多分、アレルギーによるものかと考えられます」

「アレルギーですか?」

「はい。詳細はアレルギー検査をしてみないと分かりませんが、その可能性が大きいと思われます」

「先生、アレルギーって猫とか犬とかそういうのもありますか?」

「その可能性もあります」

「僕、多くの犬と生活をしているんですが」

「なら、そうかもしれませんね。ただアレルギー検査をしてみないとなんとも」

「お願いします。検査してください」

「分かりました。アレルギー検査をしましょう。ただ結果が分かるには一週間かかります」

「一週間ですか」

「はい」


一週間後、アレルギー検査の結果を知るために病院へと出向きました。この一週間は正直、不安との共生の日々でした。もしも犬アレルギーだったらどうすればいいのか? あの子たちとの生活が今は全て。あの子たちと別れて暮らすなんて考えられない。そう思っていました。

診察室へ入り開口一番に聞いたのは、

「犬アレルギーはどうでしたか？」

医師は淡々と、

「大丈夫でした。犬アレルギーは出ていません」

この一週間の不安は一気に消え胸を撫で下ろしました。が、次に言われたのは、

「反応が出たのは、白樺、ハンノキですね」

「え？　白樺？」

「はい」

「それって、あのう、森にある木のことですか？」

「はい、森や山にある白樺、ハンノキです」

犬は大丈夫でしたが、自然界の樹木が原因でした。白樺やハンノキは赤平の森の至るところにあります。


僕はそもそも森で生活してはいけない人間のようです。それでも今、僕は病院で処方された薬を飲み、咳が酷くなれば携帯吸入器を吸って、咳を治めながら森で生活しています。

まだまだ簡単に安住はさせてくれないみたいです。

〈著者紹介〉
鈴井貴之　1962年北海道赤平市生まれ、90年に札幌で劇団「OOPARTS」立ち上げ。その後、構成作家・タレントとして『水曜どうでしょう』（HTB）などの番組に企画・出演。映画監督として「銀色の雨」などこれまで4作を発表。2010年からOOPARTSを再始動、現在までに6作の舞台公演を行なっている。

RE-START
犬と森の中で生活して得た幸せ
2023年10月5日　第1刷発行

著　者　鈴井貴之
発行人　見城 徹
編集人　舘野晴彦
編集者　中里俊介

発行所　株式会社 幻冬舎
〒151-0051 東京都渋谷区千駄ヶ谷4-9-7
電話：03(5411)6211(編集)
03(5411)6222(営業)
公式HP：https://www.gentosha.co.jp/

印刷・製本所　中央精版印刷株式会社

検印廃止

Printed in Japan
ISBN978-4-344-04110-3 C0095

この本に関するご意見・ご感想は、
下記アンケートフォームからお寄せください。
https://www.gentosha.co.jp/e/